白熱する教室をつくる Q&A55

菊池省三

はじめに

　2016年、私は年間約200回の講演会やセミナーでお話をさせていただきました。講演会やセミナーの最後に、多くの場合、「質疑応答」の時間を設定していただいています。10分ほどから1時間くらいまで、その時間の長さには幅がありますが、私は、この「質疑応答」の時間をとても楽しみにしています。私の話した内容がどのように受け止められているかが、双方向のやりとりの中でよく分かるからです。また、参加されている方々の問題意識がどのあたりにあるかがよく分かるということも、その理由の一つです。

　講演会やセミナーに行き、多くの参加者の前で質問をすること自体、とても勇気のいることだと思います。
　私は、
「では、これから質疑応答に入ります」
　という司会の方の発言を聞くと、最初の質問が出される前に次のような話をします。
「質疑応答の時間に入ると、急に下を向いて、資料を見直す（ようなふり？）仕草をすることがよくあります。ある本に、『質問はありませんか？と聞かれたら、顔を上げよう』書いてありました。話を聞いたあとに、質問や感想を言うことはとても大切だと思います。皆さん、顔を上げてみましょう」
　すると、多くの参加されている方から、時間が足りなくなるくらい、次々と質問を出していただけます。

「菊池実践」を始めたばかりの方々にとっては、やはり具体的な方法を知りたいという気持ちがあるでしょうし、動画や写真に写った子どもたちの姿の背景となっている教師である私と子どもたちの日々のやりとりも知りたいことだろうと思います。
　講演会やセミナーという限られた時間の中で、いただいた演題を中心にお話しすると、方法や背景のすべてをお伝えすることは到底できません。それを補完する形での質疑応答の時間は、とても貴重です。

そんなことを思いながら、いただく質問を整理してみると、その内容のだいたいの傾向もつかめてきました。ならば、その質疑応答を1冊の本にまとめてみたらどうだろうと思いつきました。

　やはり実践の具体的な方法に関する質問が多くありますが、子どもたちが荒れてしまった教室の担任として、思い詰めてセミナーにご参加された方からの質問は切実で、少しでも前向きな気持ちになって、明日から子どもたちと元気に向かい合っていただきたい、との思いで私にできる限りのお話をさせていただいています。

　これまでにいただいた質問から55個を選んで、それぞれについて回答を整理しました。すると、「教師が変われば、子どもが変わる」という、ある意味当たり前の答えにたどり着きました。また、「子どもを成長させるという覚悟を決め、1年間の見通しをもって、ゴールイメージを目指そう」という結論にたどり着きました。優れた教育技術や技法は、たくさんあります。ただし、それらは絶対的なものではありません。教師の不動の覚悟が土台にあって、技術や技法も生きてくるのです。そのことを前提に、本書をお読みいただけると幸いです。

菊池道場　道場長　菊池省三

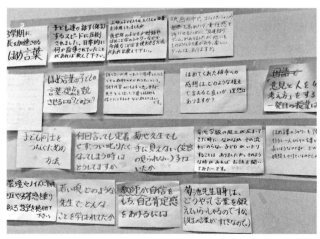

2016年9月18日　菊池道場・北海道支部主催セミナーにて出された質問の数々。

白熱する教室をつくるQ&A55 ◎もくじ

- はじめに ──────────────────────────────── 2

1 ほめる指導・叱る指導 ─────────────────── 7
- Q1 朝の「質問タイム」や帰りの「ほめ言葉のシャワー」をしようと思うのですが、なかなか時間がとれません。 ……………………… 8
- Q2 「ほめ言葉のシャワー」がマンネリ化してしまいます。中だるみをなくして内容をグレードアップしていくにはどうすればいいですか？ ……… 10
- Q3 子ども同士の関係性が弱く、「ほめ言葉のシャワー」も形式的な感じです。どのような指導をすればよいでしょうか？ ……………………… 14
- Q4 「質問タイム」や「ほめ言葉のシャワー」をよりよいものに発展させていくための段階的な指導について教えてください。 ………… 16
- Q5 「ほめ言葉のシャワー」をしていると、他人からの承認が目的になってしまわないでしょうか？ ……………………………… 19
- Q6 ほめられることを嫌がる子どもがいます。どのように対応したらいいでしょうか？ ………………………………………………… 21
- Q7 ほめることばかりして、叱ることはしないのですか？　また、どうしても叱らなくてはいけないときは、どのように叱りますか？ ………… 23

2 菊池メソッド ────────────────────────── 27
- Q8 「自画像画」の活用について教えてください。 ……………………… 28
- Q9 価値語を子どもたちに伝えていくタイミングを教えてください。 ……… 30
- Q10 子どもの写真や動画を撮るタイミングを教えてください。 …………… 32
- Q11 「成長ノート」と日記などとの違いは何ですか？また、どのくらい書かせればいいのですか。 ……………………………………… 34
- Q12 「成長ノート」をどうしても書くことができない子にはどのような指導をすればいいですか？ ………………………………… 40
- Q13 「成長ノート」のコメントは、どのように書けばいいのですか？ ……… 42

3 対話・話し合いの授業、アクティブ・ラーニング ─────── 45
- Q14 自由起立発表の指導の手順とそのポイントを教えてください。 ……… 46
- Q15 語彙を増やして、言葉を使いこなせる子どもを育てたいと思っています。どのような指導を心がければよいでしょうか？ ……………… 48
- Q16 映画「挑む」を観ました。菊池学級の子どもたちの話すテンポのよさに驚きました。日常的にどのような指導をされているのでしょうか？ …… 50
- Q17 菊池学級の子どもたちの話すスピードの速さに驚きました。このようなスピード力を育てるにはどのような指導をすればよいのですか？ …… 52

- Q18 菊池学級の話し合いで、孤立した意見の子が、多くの友達からどんなに責められても泣くこともなく対応していました。どのようにすればそのような話し合いができる子どもに育てられるのでしょうか？ ……… 54
- Q19 立ち歩いての話し合いのときに、傍観者をつくらないようにするにはどうしたらいいのでしょうか？ ……………………………………… 58
- Q20 子どもたちが考えを正直に自分の言葉で言えるようになるには、どのくらいの期間が必要なのでしょうか？ ………………………… 60
- Q21 「人と意見を区別する」最初の授業は、どのようなものが考えられますか？ … 62
- Q22 話し合いが停滞してしまったときに、教師はどのように関わっていけばよいのでしょうか？ …………………………………… 64
- Q23 一斉指導と対話型授業をどのように使い分ければいいのでしょうか？ ……… 66
- Q24 私は現在、50代も半ばになりました。「Teaching から Coaching に変えていこう」と言われて、頭では理解するのですが、なかなかそのように教師としての自分を転換できません。どのようにすれば変われるのでしょうか？ …… 68
- Q25 対話・話し合いの授業の中で、場面緘黙のお子さんにはどのように対応すればよいのでしょうか？ ……………………………………… 70
- Q26 アクティブ・ラーニングを教室で進めるポイントは、どんなことですか？ …… 72

4 日常の指導 — 77

- Q27 菊池先生が担任をされていたときの、一日の流れや放課後の仕事の順序、決められて毎日されていたことなど菊池先生の一日を教えてください。 ……… 78
- Q28 「できない」「したくない」と意欲の低い子にやる気を出させることの難しさを感じています。アドバイスをお願いします。 ……………… 80
- Q29 コミュニケーション力を高めたり、責任感をもたせるために効果があるゲームを教えてください。 …………………………………… 82
- Q30 子ども同士をつなぐ指導方法を教えてください。 …………………………… 84
- Q31 特別な支援を必要とするお子さんと接する際に大切にされていることはどんなことですか？ …………………………………………… 86

5 学級づくり — 89

- Q32 新年度に出会った子どもたちとは、どのように接することが必要ですか？ …… 90
- Q33 新年度の学級のスタートの仕方について教えてください。 ………………… 92
- Q34 あいさつ、整理整頓、言葉遣いなどの基本的な指導について、待つことができず、押しつけるようになってしまいがちです。 ……………… 94
- Q35 個性を生かす、でこぼこを生かすといっても、個性が伸びていくとクラスがバラバラになってしまうのではないですか？ …………………… 96
- Q36 教室で特定の子どもによって授業を邪魔されています。どのような対応をしたらよいでしょうか？ ……………………………… 98
- Q37 年度の途中で学級が崩壊した場合の処方箋を教えてください。 ……………… 100
- Q38 子どもたちにとって楽しい環境をつくってあげたいと思うものの、けじめのない状況になってしまいがちです。 ……………………………… 102

Q39　子どもが変わっていこうとするときに、教師はどのように
　　　　　関わっていけばよいのでしょうか？ ……………………………………… 104
　　Q40　菊池先生の指導方法が教室に浸透していく中で、なかなかその流れに
　　　　　乗れない児童がいることはありませんでしたか？ ……………………… 106

6　低学年、中学校、小規模校などでの指導 ―――――――― 109
　　Q41　低学年のクラスの指導のポイントを教えてください。 ………………… 110
　　Q42　低学年の指導の工夫点がありましたら、もう少し教えてください。 … 114
　　Q43　中学校で「調える」への転換の切り口など、中学校でできることは、
　　　　　どんなことでしょうか？ ……………………………………………………… 116
　　Q44　中学校での指導の工夫点がありましたら、もう少し教えてください。 … 118
　　Q45　各学年1、2人しか児童がいない小規模校です。授業の中で
　　　　　話し合い活動が難しいのですが、どのようにしていけばよいでしょうか？ … 120
　　Q46　通信制高校のサポート校で非常勤講師をしています。
　　　　　週に1、2日しか授業がない中でできることは何でしょうか？ ……… 122

7　保護者との関係 ――――――――――――――――――― 125
　　Q47　教室や学校で、子どもたちをよい方に導びこうとしても、
　　　　　家庭や地域の協力が得られません。 ………………………………………… 126
　　Q48　保護者との信頼関係をどのように築いていけばよいでしょうか？ …… 128

8　授業観・教育観 ――――――――――――――――――― 131
　　Q49　菊池先生は、20代のときはどのような先生でしたか？
　　　　　また、どのような勉強をされていましたか？ ……………………………… 132
　　Q50　菊池先生自身が変わったなと思う年齢と、変わろうと思った理由は
　　　　　どんなことですか？ …………………………………………………………… 134
　　Q51　菊池先生は、どうやって「菊池実践」という考え方ややり方に
　　　　　たどりついたのですか。 ……………………………………………………… 136
　　Q52　自分は、授業がまだまだ未熟だと感じています。授業をしていく上での
　　　　　アドバイスをお願いします。 ………………………………………………… 138
　　Q53　教師が、子どもを受け止める力や見とる力をつけるには、どのような経験を
　　　　　積めばよいのでしょうか？　また、教師が伸びるためには何をしていけば
　　　　　よいのでしょうか？ …………………………………………………………… 140
　　Q54　菊池先生の飛込授業を見させていただきました。スタート段階から元気よく
　　　　　始まる授業に驚きました。どのような工夫をされているのですか。 …… 142
　　Q55　子どもは、どんなときに成長するのでしょうか？
　　　　　子どもの変わる瞬間についてお話しください。 …………………………… 144

●おわりに ――――――――――――――――――――――――― 146

白熱する教室をつくるQ&A55

1 ほめる指導・叱る指導

1　ほめる指導・叱る指導

Q1 朝の「質問タイム」や帰りの「ほめ言葉のシャワー」をしようと思うのですが、なかなか時間がとれません。

A 　私が33年間勤務した北九州のある小学校では、朝の時間が25分間と長かったため、まとまった活動をすることができました。そうした中で、「質問タイム」のような活動が誕生したとも言えます。

　ただ、「質問タイム」も「ほめ言葉のシャワー」も、それを行う目的を考えたとき、私が紹介している菊池学級でのやり方にこだわる必要はないと考えています。

　2013年９月に出版させていただいた「小学校発！　一人ひとりが輝くほめ言葉のシャワー②」（日本標準）の「はじめに」の中で私は、次のように書きました。

　NHK「プロフェッショナル〜仕事の流儀」で全国に紹介されたのが、平成24年７月16日でした。その日に合わせる形で「小学校発！　一人ひとりが輝く　ほめ言葉のシャワー」（日本標準）を出版させていただきました。

　あれから、１年が過ぎました。

　この１年間で、多くの教室で実践され、「ほめ言葉のシャワー」のやり方、そのあり方も進化し続けているようです。教室の中の子どもたちと先生との心温まる物語が、教室の数だけできるものでしょうから、それも当然だと思います。

（「はじめに」から）

「ほめ言葉のシャワー」にしても、「質問タイム」にしても、やり方や

あり方が、それぞれの教室の状況に合わせて変化していくのは、当たり前だと私は考えているのです。時間的な制約があるのであれば、それを解決する新しい方法を創り出していくことこそが大切だと思うのです。
　前述の「ほめ言葉のシャワー②」の中で、ある先生は「ほめ言葉のシャワー」を帰りの会に終わり切れず、残り半分を次の日の朝の会で行った例を紹介されています。
　ある高校の取り組みでは、SNSのタイムライン上で、一人の生徒をみんなでほめるという「リスペクトアワー」という取り組みをしている実践例も紹介されています。
　私が訪問させていただいたある中学校では、主人公をほめる内容を事前に付箋に書いておいて、端的に発表ができるようにしていました。その後、全員分の付箋を1枚の台紙に貼って、先生の感想も添えて主人公に渡すという取り組みもされていました。
　時間を短縮していくための具体的な方法を一つ紹介します。私の教室では「端的に15秒でほめよう」と指導をしました。すると教室の誰かがストップウォッチを手に一人ひとりの「ほめ言葉のシャワー」の時間を測り、終わったときに「13秒！」「17秒！」と結果を言い、記録を残すということをしていました。こうしたことを通して時間の意識が子どもたちの中で強くなっていき、10分以内で「ほめ言葉のシャワー」ができるようになっていきます。同時に、短い時間の中で内容も凝縮されて、密度の高い取り組みにもなっていきます。
　どうか、時間がとれないからということを理由にして取り組みをされなかったり、途中でやめてしまったりするのではなく、創意工夫によって「質問タイム」や「ほめ言葉のシャワー」が活発に行われ、全ての教室に子どもたちの明るい笑顔があふれることを期待しています。

ここがポイント
①「型」に縛られる必要はない。
②時間意識を子どもにもたせ、スピード感のある活動をつくろう。

1 ほめる指導・叱る指導

Q2 「ほめ言葉のシャワー」がマンネリ化してしまいます。中だるみをなくして内容をグレードアップしていくにはどうすればいいですか？

A 「ほめ言葉のシャワー」がマンネリ化したり、中だるみを起こしたりしているといった場合を3つの具体例で考えてみます。

(a)「ほめ言葉のシャワー」に集中しない子どもがいる。

「集中しない」という状態にも、
・発表している子の方を正対できず、手いたずらをしている。
・ふざけた内容のほめ言葉を言い、相手を傷つけてしまっている。
などがあります。

「正対できない」というのは、「ほめ言葉のシャワー」に限らず、普段の学習の様子もそうではないでしょうか？

私たちの価値語の中に「人に正対せよ」というのがあります。学習規律として、話をしている人に正対することは、基本中の基本であることを日頃から伝えていくことが大切です。

友達にふざけた内容を言う場合に、「どうしてそんなことしか言えないの！」と叱っても効果はありません。ほめる、ほめられるということの経験が乏しく、恥ずかしさの裏返しの行動として出ている場合が多いように思います。したがって、ふざけてしまう子が自分の行動をほめられるという場を意識的に教師が創ってあげることが大切です。その子が得意とする学習活動を設定して、その様子を価値語とセットにしてほめるのです。ほめられた子どもはその体験を通して、ほめられることの心地よさや価値を実感し、相手に対してふざけた内容のほめ言葉を言うよ

うなことはなくなっていくことでしょう。

(b)ほめる内容がありきたりだったり、抽象的だったりする。

　ほめる内容は、ほめる人がほめられる人を具体的に細かく観察しているかどうかによって決まります。
　ただ、「細かく観察しましょう」と呼びかけをしても効果はそれほどありません。「具体的にほめること」を「具体的に示す」ことが重要です。
・数字や固有名詞、会話文を入れる。
「授業開始の３分前には席についていました」
「今月は本を10冊も読んだそうです」
　などと、数字が入ると具体的で分かりやすい内容になります。
「読んだ本の中には齋藤孝先生の『「ガツンと一発」シリーズ』が3冊入っているそうです」
「『この本面白かったから読んでみるといいよ』と、ぼくにすすめてくれました」
　と、固有名詞や会話文が入ると、内容がはっきりしてきます。
・５Ｗ１Ｈを入れる
　Who（誰が）、What（何を）、When（いつ）、Where（どこで）、Why（なぜ）、How（どのように）したかという、５Ｗ１Ｈを入れて、具体的な場面が伝わる話し方をすることも大切です。
「給食の準備中、ぼくがスープをこぼしてしまったときに、〇〇さんは、すぐにふきんでふいてきれいにしてくれました」
「掃除が終わったあと、〇〇さんは、廊下のみんなの雑巾を一つひとつていねいに干し直してくれていました」
　と、５Ｗ１Ｈが入ったほめ言葉は、主人公の子どもの行動の様子が生き生きと伝わってきます。５Ｗ１Ｈの視点を子どもたちに教え、意識させることでより詳しく観察するようになるのです。

毎日の「ほめ言葉のシャワー」の中で、こうした例が出てきたら、その場で取り上げて、大いにほめましょう。それがほかの子どもたちに伝わり、ほめ言葉の質は少しずつ確実に高いものになっていきます。
　数字や固有名詞、会話文、そして５Ｗ１Ｈを入れてほめるためには、細かく観察しないとできませんから、相手のことをもっと知ろうという態度が養われ、豊かな人間関係をつくっていく土台となっていくのです。

⒞意欲が継続しないで、その場しのぎのほめ言葉を言っている。

「ほめ言葉のシャワー」を続けていると、子どもたちは悪い意味で慣れてしまい、友達のよいところを丁寧に観察しないで、いつも同じようなほめ言葉を言ってしまう状態になってしまいます。
　帰りの会の「ほめ言葉のシャワー」の時間になって初めて「今日、○○さんは何をしていたかな…」と思い出そうとしても、その段階では抽象的になってしまうのは、当たり前です。
　一日の中でその日の「ほめ言葉のシャワー」のことを教師が何度か取り上げて、子どもたちの意識を集中させていくことが必要です。
「今日は○○さんの『ほめ言葉のシャワー』か。みんながどんなことをほめてくれるかとても楽しみですね」
「何人かは、もう○○さんへのほめ言葉を考えてあるのでしょうね」
　などと語りかけるのです。
　また、ほめる内容を見つけることが苦手だったり、上手く伝えることができなかったりする子どもに対しては、教師の個に寄り添った対応が必要です。教師が見つけたほめ言葉を、その子と共有するのです。
「◎◎くん、今日の○○さんへの『ほめ言葉のシャワー』で言うこと、もう決まった？」
「まだ決まっていません」
「今、廊下でみんなの雑巾をかけ直してくれている○○さんを見てごらん。誰かに頼まれたわけでもないのに、静かに一生懸命してくれている

姿がすてきだ。『ほめ言葉のシャワー』で、◎◎くんが言ってくれないかな」
「はい、言います」
「うれしいな。○○さんも、◎◎くんが自分のことを見てくれていたことを知ったら、きっとうれしいと思うよ」

　こうしたことを丁寧に積み重ねていく中で、「ほめ言葉のシャワー」の内容は充実していくとともに、本来の目的である子ども同士の豊かな人間関係が形成されていくことでしょう。

　慣れた時期、１巡目が終わる時期などに、「『ほめ言葉のシャワー』をもっとよりよいものにするにはどうしたらよいか」というテーマで話し合うことはとても有効です。「白い黒板」の取り組みにすることもよいでしょう。活動の意味や目的を子どもたち自身がそれまでの経験をもとに振り返ることができます。そして、自分や学級に何が足りないのかを理解します。

　「ほめ言葉のシャワー」は、１年間の見通しをもって、どんな姿に成長させるかという、明確なゴールを教師がもつことが大切なのです。

「白い黒板」の取り組み

ここがポイント
①ほめ言葉の内容をよくしていくための具体的な方法を伝えよう。
②「ほめ言葉のシャワー」をする目的を子どもたちと絶えず確認しよう。

1 ほめる指導・叱る指導

Q3 子ども同士の関係性が弱く、「ほめ言葉のシャワー」も形式的な感じです。どのような指導をすればよいでしょうか?

A 　子ども同士の関係性を築く前段階として、教師と子どもとの関係をどうつくっていくかがポイントになります。
　教師がどれだけ子どものことをほめているかによって子どもとの関係性が築かれていくと私は考えています。

　教師は、子ども同士をつなぐ役割です。そのスタートの段階では、まず、教師が子どもをほめて関係をつくり、「教室は、安心と安全の場所です」ということを実感させることが大切です。教師がほめる姿を見て、周りの子どもたちはその子のことを知り、一人ひとりがかけがえのない存在だという教師の思いが、子どもたちの友達観、人間観になっていくのです。

　この基本的な考え方のもと、可視の部分だけでなく不可視の部分を含めて、子ども同士をどうつなげられるか、徹底的に取り組んでいく必要があります。

　「ねえ、みんな聞いた? 今、○○さんは、◎◎くんのことを『4年生のときはこうだったけど、5年生になった今は…』って、去年のことを思い出して比べながらほめたんだよね。すごいね」

　と、子どもたちの発言の中の成長の瞬間を逃すことなく、その場で捉えてほめるとともに、価値付けをして教室全体で共有していくことで、クラスという空間を創っていくのです。

　最後の菊池学級の教え子の一人である内川諒太君は、私の活動の様子をまとめていただいたドキュメンタリー映画「挑む　菊池省三　白熱する教室」の中で、次のように自分の過去と現在を語ってくれました。内

川君は、私が担任する4年生までは特別な支援を必要とすると言われていたお子さんでした。くるくると髪が巻いた愛らしいお子さんでした。

> この髪の毛を悪く言ったりする人がいて、それですごくコンプレックスで6年間を過ごしてきたんですけど、5年生になって菊池先生とかの授業もあったのかいろいろみんなも変わっていったりして、ぼくの頭のことをほめてくれるようになって、ぼくも髪の毛に自信をもてるようになって、修羅場と言ったらちょっと修羅場でもないけれど、修羅場を乗り越えられたことが僕にとっていちばんの幸せだったなと思います。

私は、このような子どもの発言に出合うと、言葉に表れているその子の成長に感動し、全力でほめてあげたいと思います。
「ほめ言葉のシャワー」は、「一人ひとりのよいところをクラスみんなで見つけ合う活動」です。シンプルですから、誰でもすぐに始めることができますし、効果の高いものです。
一方で、「ほめ言葉のシャワー」はとても奥の深い活動でもあります。子どもたち一人ひとりの状況、子どもたち同士の関係、学級の状況、教師と子どもの関係、それらが総合的に絡み合って、「ほめ言葉のシャワー」は成立し、意味のあるものとして機能するのです。
「ほめ言葉のシャワー」は、これまでの知識伝達型の一斉指導ではなく、学び合う授業観の土台を支えるものであり、その授業観が根底にあって初めて有効に機能するものなのです。
「ほめ言葉のシャワー」を成立させられるかどうかは、「どんな人間を育てるか」という教師の教育観にかかっているです。

ここがポイント
①まず教師が子どもをほめることから始めよう。
②「ほめ言葉のシャワー」は、学び合う授業観の土台を支えるもの。

1　ほめる指導・叱る指導

Q4　「質問タイム」や「ほめ言葉のシャワー」をよりよいものに発展させていくための段階的な指導について教えてください。

A　「質問タイム」は、「ほめ言葉のシャワー」を浴びるその日の主人公に、朝の会で全員が質問をする活動です。
　大人の社会でもそうですが、子どもたちも、同じクラスの友達のことをあまりよく知らないものです。場合によっては、ずっと話をしないで終わってしまう子がクラスの中にいるという事態も起こってしまいかねません。朝の質問タイムを毎日行うことで、お互いのことを多面的に知ることができ、子ども同士全員の横の関係ができていきます。それによって、コミュニケーションの土台となる温かい人間関係が築かれていくのです。

　そのときに、一人ひとりがばらばらのことを質問するのではなく、最初の質問の答えに関連する質問を続けていくようにします。そうすることで、一つのことがらをどんどんと掘り下げていくことになりますから、その日の主人公のことを深く知ることができるようになります。

　１学期の最初は、誰もが答えやすく楽しいテーマから始めます。
「ラーメンは好きですか？」
「カレーライスは好きですか？」
　といった答えやすい内容のものです。この段階では、楽しく言葉をキャッチボールできるようになることをねらいとします。

　２学期になった頃から、好きなことを伝え合う段階に入ります。
　主人公が、
「ぼくは、サッカーが好きです」
　のように一文だけのスピーチをします。それについて友達が質問をし

ていきます。
「サッカーが好きな理由は何ですか？」
「好きなプロチームはありますか？」
「ポジションはどこですか？」
といった感じです。

　３学期になったら、いよいよ「その人らしさを出し合う」段階になります。そのためのテーマを意識させて行います。最初に質問する子どもの質問内容がポイントになります。

　ある年の６年生の卒業前の最初の質問内容のいくつかを紹介します。
○中学校への不安はありますか？
○今のあなたの目には、今の６年１組はどのように映っていますか？
○今の自分の色は何色ですか？

　この段階になると、質問し合う＝コミュニケーションを取るということは、相手を好きになることだといった感想をもつ子どもも出てきます。

　このように、ざっくりとした各学期のプログラムはありますが、教室の実態はなかなかプログラム通りには進まないこともありますし、逆に、予期せぬ成長を見せることもあります。

　平成26年度、最後の菊池学級となった子どもたちの中の一人である中村愛海さんが、その年の12月に行った「質問タイム」の前に行った成長をキーワドとしたスピーチは、伝説と言っていいレベルの内容でした。自分自身の成長を深い思考の上に「過去－現在－未来」の時間軸に置きながら、ある意味客観的に分析したもので、小学校を卒業して中学校へ向かおうとする段階の覚悟を表明したものでした。

　子どもたちに型を示し活動を進めていくと、それを突き破るような自由な発言やパフォーマンスが子どもたちから出てくることがあります。そうした機会は、教室全体が大きく飛躍するチャンスですから、それを取り上げて、教室全体にシェアしましょう。

「ほめ言葉のシャワー」も、最初は、主人公が立っている教壇とほめ言葉を言う子どもの距離は離れています。ほめ言葉を言われたうれしさを実感し始めると、子どもは「ありがとうございます」とお礼の言葉を言ったり、握手を求めに友達のところに近寄って行って、物理的な距離が縮まったりします。ハグをし合うような場面もでてきます。
　関係性が豊かになると、教室の中には様々な成長の姿が見られるようになるのです。
　「ほめ言葉のシャワー」の段階的指導法については、「小学校発！　一人ひとりが輝く　ほめ言葉のシャワー」（日本標準）の第３章に詳述していますので、そちらをご参照いただきたいと思います。

　改めて、「質問タイム」と「ほめ言葉のシャワー」の役割について、コミュニケーションのモデルとしてよく取り上げられる「ジョハリの窓」を用いて概観します。
　「質問タイム」は、「自分は知っているが他人は気づいていない自分」を開示していく取り組みです。「ほめ言葉のシャワー」は、「自分は気づいていないが他人は知っている自分」を、ほめることを通して拡大していく取り組みです。この二つの活動によって、一人ひとりの自己開示が進み、お互いをより深く多面的に知り合うことによって、コミュニケーションの土台となる温かい人間関係を創っていくことができるのです。

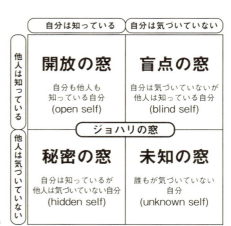

ここがポイント
①１年間の見通しをもって、活動のねらいを深めていこう。
②自己開示によって、温かい人間関係を創っていこう。

1　ほめる指導・叱る指導

Q5　「ほめ言葉のシャワー」をしていると、他人からの承認が目的になってしまわないでしょうか？

A　この質問は、よくいただくものの一つです。
　　私は、このことについて二つのことをお答えします。
　　一つは、「そもそも、他人からの承認が目的になることはいけないことなのか」ということです。
　もう一つは、ほめることの意味や行為を表層的に捉えすぎているのではないかということです。
「ほめ言葉のシャワー」を始める最初の段階で、実際の取り組みの方法を説明したあと、いよいよスタートするという前日には、「最初のほめられる主人公は、○○君です。明日一日、○○君のよいところを見つけてみんなでほめてあげましょう」と声かけをします。
　そうすると当然ですが、友達は朝からその日の主人公のことを一生懸命見て、ほめることを探します。それまでしたことのない、「ほめるために人を観察する」ということを一生懸命します。
　一方、主人公になった子は、それまでに経験したことのない視線を感じながら一日を過ごすことになります。場合によっては、たくさんほめられるようにと、普段しないようなことを意識的にすることがあるかもしれません。
　こうしたことは、果たして悪いことなのでしょうか？　私は、「子どもらしくていい」と断言します。無邪気な子どもらしい姿ではありませんか。「ほめられたくて、頑張る→その様子を見た友達がほめてくれる→ますます頑張って、成長していく」というサイクルが大きくなっていくことは、本来のねらい通りとも言えます。

「ほめ言葉のシャワー」の取り組みが進んでいくと、ほめる子の観察力もどんどん上がっていきますので、小さなことに気づいてほめてくれるようになります。そうすると、主人公もそんなに無理して頑張らなくても、自分らしく一日を過ごしている中で、たくさんのよいことを見つけてもらい、ほめてもらえるようになっていきます。
　こうしたことは、１年間の見通しがあれば全く問題にならないことです。スタート段階で他人からの承認を目的として気負っている子どもたちの姿は、その子のやる気の表れだとほめてあげましょう。
　もう一点、「ほめることの本質的な意味」についてです。
　ほめるということを深めていくと、それは単におだてるとか、人をコントロールしようとすることとは、全く違う世界だということが分かってきます。一般社団法人日本ほめる達人協会の西村貴好理事長は、「ほめるとは価値を発見して伝えること」と言われています。おだてたり、他人をコントロールしようとすることとは異質なことです。
　やはり、ほめるということへの一般的な誤解があることを感じます。間違ったほめられ方やおだてられ方をして勘違いしてしまい、自分の存在意義を認めてくれる人のあとを盲目的について行って、マインドコントロールされた状態で大きな事件を引き起こしてしまった例もあります。
　私は、そうしたことを考えたとき、「価値語」が重要なはたらきをすると考えています。具体的な行為の是非だけでほめるとか叱るのではなくて、それがなぜよいのかという価値ある言葉を、必ず同時に添えてあげるのです。すると、子どもたちは、価値語を間において、そこから具体的な行為を自分の場合に当てはめて考えていくことができ、自分の中に内面化された価値によって、自分の判断ができるようになっていくのです。

ここがポイント
①「ほめられるために頑張ること」は悪いことではない。
②具体的な行為に価値語を添えることで、価値の内面化を図ろう。

1　ほめる指導・叱る指導

Q6 ほめられることを嫌がる子どもがいます。どのように対応したらいいでしょうか？

　　これまでお答えしてきたように、教師と子ども、そして子ども同士の関係性が弱い中で、「ほめられる」ことを嫌がっているのだろうと思います。
「ほめ言葉のシャワー」を始めた直後から、クラス全員がノリノリになって盛り上がる、ということはあり得ません。子ども同士の豊かな関係性をつくるための取り組みですから、それは当然であると思ってください。

　さらに、初期の段階では、子どもが「参加しない権利」を認めることも重要です。子どもがほめられることを嫌がるような環境をつくっているのは、教師自身だという自覚をもって、そうした子もクラスの一員として成長への道を進めるように、教師は子ども同士をつなぐことに力を尽くしていただきたいのです。

　また、教室の中で交わされるほめ言葉の内容についても、教師が一人ひとりに寄り添って丁寧に受け止めることも必要です。

　京都造形芸術大学の本間正人副学長は、「個の確立した集団を育てるほめ言葉のシャワー　決定版」（中村堂）の中で、「『ほめ言葉のシャワー』に取り組む教師の覚悟」について書いてくださいました。

　「ほめ言葉のシャワー」を教室で実施したときに、それに乗り切れない子がいたり、上手くできない子がいたりするのは、ある意味当然です。そうしたときに、「個を大切にしてフォローする」「一人ひとりの人間的成長を皆の力で実現する」という基本的な考え方をもとに、教師が適切にフォローするという主体性こそが問われている

のではないでしょうか。実践されている先生同士で、そのようなフォローの仕方について共有し、磨き合っていくということが大切だと思います。
「ほめ言葉のシャワー」では、ほめ言葉を贈った子はほめたつもりで言っているのに、主人公の側の子はほめられた気がしないということが起こります。（中略）
　菊池先生は、ものすごい場数を踏まれていらっしゃいますからそうしたことが自然にできるまでになっています。そうではない多くの先生方は、導入したことで満足して終わりにしてしまうのではなく、導入したあとの一瞬一瞬、一言一言の発し方、一言一言の受け止め方、それに対するフォローの仕方、こうした全てが教師としての人間性を問われる試金石なんだと決意して、「ほめ言葉のシャワー」に取り組んでいただけると、大きな成功を収めることができるのではないかと思います。
　教師の側のフォロー力は、観察力、語彙力、表現力、決断力と、多岐にわたっているのです。　「個の確立した集団を育てる　ほめ言葉のシャワー　決定版」から

「ほめられることを嫌う」背景に何があるのか、教師が一人ひとりに寄り添う中で、正しく捉えきれているか、そして、その背景を取り除いてよい方向に導く道筋が見えているかが問われるのです。
「ほめ言葉のシャワー」は簡単で誰でも、導入することができます。でも、本当の意味で成立させ、子ども同士をつなぐことができるかは、本間先生にご指摘いただいているとおり、教師のフォロー力が不可欠です。
「個の確立した集団を育てる」という大きな目標に向かって、経験を交流しながら、前に進みましょう。

ここがポイント

①ほめられることを嫌がる環境を教師自身がつくっていると自覚しよう。
②子どもが「参加しない権利」も認めよう。

1　ほめる指導・叱る指導

ほめることばかりして、叱ることはしないのですか？
また、どうしても叱らなくてはいけないときは、どのように叱りますか？

「菊池先生は、叱ることはしないのですか？」
　という質問をよくされます。若い頃は、周りの仲間から瞬間湯沸かし器と言われていたくらいですから、ほめることの意義を学んでいなかったとしたら、今でも怒鳴り声を一日中上げていたかもしれません。

　ただ、ほめることの意義を学んでからは、時期にもよりますが、1年間を通してほめるを9、叱るを1ぐらいの割合にしていました。

　前項で引用させていただいた、ほめ達の西村理事長が定義されたように「ほめるとは価値を発見して伝えること」であるならば、「叱るとは負の現象からプラスの価値付けをして、本人の成長を促す」ということになります。

　したがって、叱る方法は、大きな声を上げることだけではなく、例えば、誰かをほめることで、別の子を間接的に叱ることもできるのです。
「立派な姿勢ですね。皆さん、Aさんに拍手」

　とAさんをほめることで、姿勢のよくなかったほかの子どもの姿勢を間接的に叱り、本人が叱られることで正すのでなく、周りがよくなっていくことで、集団の中の一人ひとりがよくなっていくという道筋に則った指導を行っていきます。

　このような方法で、ほめることを教室の中の指導の原理としていきますが、叱る必要のある場面では、きちんと叱っていくことも大切です。

　私の尊敬する野口芳宏先生は、叱ることについて、様々な形でお考えをまとめられています。

その中の一つに「全身全霊で叱る三つの場合」があります。

1．同じ注意を二度されて、しかも反省の色が見られず、次も同じ行動に出たとき。
2．他人の迷惑になるようなことをして、おもしろがっているとき。
3．大きな事故につながる悪ふざけをしたとき。

「野口流　授業の作法」（学陽書房）から

その後、教室の子どもたちが変化し、特別な支援を必要とするお子さんも増えていますので、このうちの1について、私は、
「学校や先生、学ぶことに対してリスペクトがないとき」
と置き換えて考えています。
そして、「正しい叱られ方」という指導を行います。これも野口先生がまとめられているものです。

(1)受容　(2)反省　(3)謝罪　(4)改善　(5)感謝

「野口流　教師のための叱る作法」（学陽書房）から

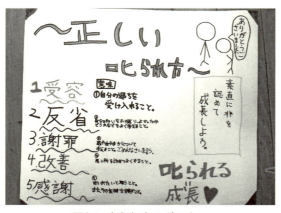
正しい叱られ方のポスター

最後に、叱られた人が感謝の気持ちになってこそ、叱った目的も達成できるのです。「先生は、あなたたちのことを思って言っているのよ」という話しかけはそんなに意味をもちません。叱られた人が、叱った人の気持ちに呼応して感謝の気持ちをもてるかどうかが重

要なのです。

　私は、この「正しい叱られ方」の授業を５月か６月に行います。４月の最初に行わないのかと思われる方がいらっしゃるかもしれませんが、このような抽象度の高い内容は、価値語をそれまでに丁寧に指導して、抽象的な言葉を理解する力をつけておく必要があります。その力がない中で「正しい叱られ方」の指導をしても、その効果は得られません。

　また、「叱る基準は先生にある」ということを事前に子どもたちに対して明確にしておくことも重要です。

　例えば、友達を強くにらみつけたときに、教師が、
「今の目は何？　そんな目で〇〇君のことを見てはいけません」
「えっ、なんで。ただ、見ただけだし…」
　と反発することがあります。教師が明らかにいじめの予兆だと判断したような場面で、毅然とした指導をするためにも、いじめかどうかを決めるのは教師であり、叱るかどうかの判断基準は教師にあることを事前に示しておくのです。

　そして、子どもたちの成長を願って叱るのだということを同時に伝えます。

　私自身がどのような叱り方をしていたかを振り返ってみます。

　私の担任する子どもたちが教師向けのセミナーに参加したときに、参加者から、
「菊池先生は、ほめることで有名だけど、本当のところはどうなの。叱ることはしないの？」
　という質問がよくされていたようです。そのときに子どもたちは、
「叱られるけど、理不尽な叱り方はしません」
　と答えている場合が多かったようです。

　喧嘩両成敗という言葉があります。「喧嘩の事情によらず、当事者を等しく罰する」という意味でしょう。私は、学校や教室の場で、喧嘩両成敗で決着をつけてはいけないと考えています。

やんちゃな子がおとなしい子に手を出し、やられた子がやりかえしたので、喧嘩になったとします。こうした場合、
「どっちも手を出したんだから、両方よくないね。はい、仲直り」
と無理やり握手をさせていないでしょうか。
　最初に手を出した方が絶対的に悪いという判断基準を教師が示さないと、こうした事態はますます増えていくだけです。やんちゃ子に対して、最初に手を出すことはいけないということをきちんと教えるのです。
　宿題を忘れた二人がいました。Ａ君はいつもはきちんとやってくるけれど今日はたまたま忘れてしまった。Ｂ君はいつも宿題を忘れる常習犯。
「Ａ君は明日やって持ってきなさい。Ｂ君は放課後残ってやってから帰りなさい」
と教師が言うと、
「なんでぼくだけ…。Ａ君だって忘れたのに。えこひいきだ」
「Ａ君は、いつもきちんと宿題をやってきます。Ｂ君とは貯金の量が違います。だから同じではないのです」
と毅然と判断の基準を示します。
　こうした例を曖昧にしてしまうと、子どもの中に教師の判断に対する不信が蓄積し、信用されない状態をつくっていきます。
　叱る指導が子どもたちに入っていくのは、こうしたぶれない基準とともに、日常的にほめられることによって「成長」を意識するようになっていることが大切です。そうした中で、「成長」のために自分の足りないことを叱られることで指摘され、「受容→反省→謝罪→改善→感謝」のプロセスを経て、さらなる成長を目指していくことができるのです。

ここがポイント
①「正しい叱られ方」の指導をする。
②教師がぶれない基準をもって叱る。

白熱する教室をつくるQ&A55

2　菊池メソッド

2　菊池メソッド

Q8　「自画像画」の活用について教えてください。

A　右の写真は、ある年の菊池学級の「自画像画」です。「あなたは、このクラスの大切な一人ですよ」ということを自覚させるものとして、普段は黒板の上部にずらりと並べて貼っています。

NHK「プロフェッショナル　仕事の流儀」で、50日間取材のカメラが教室に入りました。その際に、ディレクターの方から、

「教室でいつも黒板の上に自分の顔が貼られていると、自分もクラスの一員だということを毎日確認できますね」

と価値付けていただきました。

「教室は家族です」という価値語が誕生しましたが、学級づくり、授業づくりの中で、「自画像画」の果たした役割は大きかったなと改めて考えています。私が、写真やネームプレートではなく、「自画像画」を使用していたのは、大体、次の理由によります。

- 写真や手形よりも自画像画は温かみがあり、柔らかい感じがするから。
- 写真やネームプレートなどは、後ろから見えづらいが、「自画像画」は後ろからも見えるから。
- 意見の可視化ができ、一人ひとりの意見や考えを大事にした学習

を一年間の学びの中心にすることができるから。
・授業中、その都度名前を書かなくてすむので、授業を効率よくすすめられるから。

　こうした教師の「自画像画」に対する思いを事前に子どもたちに伝えます。そのうえで、「自画像画」の作成に入ります。「自画像画」自体が初めてで、それを活用したことのない子どもたちには、活用の価値を伝えることは難しいと思います。ですから、ある程度の説明にとどめ、「一年間使うからね」と伝え、丁寧に描くことを指導します。

　細かなことですが、作成にあたっては、次のものを使いました。こうしたことに気を使うことで、一年間のスムーズな活動が保障されます。
・耐久性のある「白表紙」という板紙（画用紙では１年間もたない）を４等分する
・ラミネート加工はしない（蛍光灯で反射してしまい見えづらくなる）
・色が濃くなりすぎないようにサインペンと色鉛筆を使う

「自画像画」を活用して授業を組み立てていくと、子どもたちの授業への参加度はグンと高まります。教室がダイナミックに動くようになるのです。

　教師が子どもたちに発問をし、立場を決めさせるような授業を仕組みます。立場を黒板に書き、自分の立場の場所に「自画像画」を貼らせます。こうすることで、教室の中の意見の分布が、全体の量的な分布だけでなく、一人ひとりの立場まで含めて完全に可視化されます。

　教師主導の一方通行の一斉授業から、子どもたち一人ひとりを基本とした話し合いの授業へと転換できます。子どもたちは、学習の主体者であると実感することができるのです。

ここがポイント
①「自画像画」で、自分もクラスの一員だということを毎日確認できる。
②「自画像画」を活用して、教室がダイナミックに動く授業をつくろう。

2 菊池メソッド

Q9 価値語を子どもたちに伝えていくタイミングを教えてください。

A ドリアン助川さんは、「プチ革命　言葉の森を育てよう」（岩波ジュニア新書）という著書のなかで、「自分の好きな木を植えて、心のなかに言葉の葉を繁らせていくのです」と書かれ、言葉を獲得していくことを「言葉の森に木を植える」と表現されています。そして、「心のひとつの正体が言葉の森である」とも言われています。（ドリアン助川さんについては、Q15で改めて触れさせていただきます。）

　私は、言葉で人間を育てるということを教育観の基本にしています。成長に向かっている学級にはプラスの言葉があふれています。荒れたクラスにはマイナスの言葉が飛び交っています。プラスの価値ある言葉（価値語）を、子どもたち一人ひとりの心の中にどれだけ届かせることができるかが、学級や子どもを成長させていく鍵なのです。

　もともと価値語自体、荒れた子どもたちに出会った私が、子どもたちをどうにかして変えたいとの思いの中から、父性的な「こうあるべきじゃないか」「世の中はこうなんだから、こういうふうな生き方の方が美しいんじゃないか」と発した言葉が始まりです。

　タイミングは、教室の様子や目の前の子どもたちの様子によって違いますから、Q38の中で、価値語を指導していく年間の大まかな見通しについて答えていますので、それらを参考にしていただきながら、日常的に黒板の5分の1を使いながら、伝えるタイミングを見逃さないように、瞬間をつかまえて価値語を伝えていただきたいと思います。（Q17参照）

　具体的な方法としては、私たちが「価値語モデルのシャワー」と呼ん

でいる、望ましい姿を写真に撮り、それと価値語をセットして教室に貼り出すことをおすすめします。いつも子どもたちの目に価値語が触れるようにしておくことは効果的です。

また「価値語日めくりカレンダー」（中村堂）を教室の黒板に掲示して、一日のスタートの際に、皆で声を合わせて読んだり、意味について教師や子どもがスピーチしたりするという実践が全国津々浦々で展開されています。「日めくりカレンダー」は、菊池学級で生まれた価値語の中から普遍的な内容のものを厳選してありますので、基本の価値語として、まず伝えていただけたらと思います。

一方で、価値語は、固定的に教師が子どもたちに伝えていくだけのものではありません。動きのある教室では成長とともに、学級の数だけ、子どもの数だけ、言葉はつくられていくものです。言葉の魅力は、そこにあると思います。

私の取り組みの柱は、言葉に関する取り組みの柱は、以下の4つです。

---

①価値語　　　　　　②成長ノート
③ほめ言葉のシャワー　④話し合い学習

この4つを構造的に考えたとき、いちばん核となるのは価値語です。言葉を大切にしながら、ほめ言葉のシャワー、成長ノート、話し合い学習に取り組んでいこうというのが、私の主張の核心です。

「言葉が人を育てる、心を育てる」。このことは、間違いないと思います。子どもたちに価値ある言葉をどんどん伝えていく責任が、教師にはあります。価値語の一つ一つが、やがて子どもたちを大きく成長させ、新しい言葉を生み、輝かしい未来につながっていくと信じています。

ここがポイント
①プラスの価値ある言葉（価値語）を、一人ひとりの心の中に届けよう。
②価値語が生まれ育つ教室を創ろう。

2 菊池メソッド

Q10 子どもの写真や動画を撮るタイミングを教えてください。

A タイミングは、「成長の姿を見つけたとき」というのが私の答えです。

何のために写真や動画を撮るかという目的が重要です。

教師向けのセミナーで自分のリアルな実践報告をするため、ということもあるとは思いますが、基本は、子どもの成長のためです。

写真や動画を撮る目的は、

①子どもをほめるため。
②望ましい行為の基準を示すため。

の2点に集約されます。

まず、成長のよい姿を写真に撮って、紙に貼り、価値語を添えた「価値語モデルのシャワー」として掲示して、
「こういう姿がいいよね」
と言って、そこに写っている子の姿をほめます。
「こういう姿が、みんなに広まるといいね」
と言って掲示するのです。教室には、常に10枚程度は掲示していました。それを見て、友達のよいところを真似しようとする子が出てきます。

このことが日常化してくると、先生が写真を撮っている姿を見ながら、
「先生は、この様子を写真に撮っている。先生は、こういう姿がよいと思っているんだな」
と写真を撮っている様子から価値を感じることができるようになって

くるのです。

　それを学校内に拡大すれば、
「2年生の整列の仕方、素晴らしいね」
　と言いながら写真を撮れば、他の学年の子どもたちも、2年生の様子を見ながら、きちんと整列するようになっていきます。
「〇年生、きちんと整列しなさい!」
　と怒鳴り声を出すよりもよほど効果的で、笑顔があふれます。

　若干話が変わりますが、
「授業をしていたら、写真も動画も撮ることができません」
　ということを言われたことがあります。これは、単に写真をいつ撮るかという技術的な問題ではなく、「観」の違いがはっきりと表れた意見だと思いました。

「先生は教える、子どもは教わる」という一斉授業では、写真を撮ることはできないでしょう。教師は教えることで手いっぱい、子どもはじっと先生の方を向いているので撮るほどの場面がないということです。

　私の目指す話し合いの授業では、子どもたちが主体的に動くようになると、教師は手が空き、写真も動画も撮れます。ですから、私は、これまで経験した荒れたクラスの年度の初めは、一斉授業とは別の意味で写真を撮ることはできませんでした。教師と子どもの関係をつくる時期であり、子ども同士をつなげる時期だからです。子ども同士の話し合いの授業が成立するようになってきて、初めて撮影もできますし、動画に収めたい名場面が教室にあふれるようになってくるのです。

　地域によっては、カメラで子どもを撮ること自体が禁止されている学校もあるようです。静かに黙って勉強させるのか、動く子どもたちの変容の姿を教師が捉えようとするのかの大きな違いがここにはあります。

ここがポイント
①子どもをほめるために写真を撮ろう。
②動く子どもたちの変容の姿をカメラに収めよう。

2 菊池メソッド

Q11 「成長ノート」と日記などとの違いは何ですか？ また、どのくらい書かせればいいのですか。

A 私の作文指導は、「子どもの生活に学び、人間として育てる」ということを基本にしています。私は、書くことを通して人間を育てるという教育信条をもっています。厳しい状況にある子どもたちを、一人前の人間として成長させたいという強い思いから生まれた作文指導を「成長ノート」という形にまとめ上げてきました。

「成長ノート」を一言で表すならば「教師が全力で子どもを育てるためのノート」です。担任である教師が、子どもを公(おおやけ)社会に通用する人間に育てるために、自分の信じる価値観をぶつけ続け、それに子どもが真剣に応えようとするノートです。

したがって、「成長ノート」に書かれる内容はなんでもいいということではありません。教師がテーマを指定し、そのことについて子どもはノートに書いていきます。日記とのいちばん大きな違いはここにあります。

「運動会のことを作文に書きましょう」

と教師が指示をします。

運動会は具体的な題名のようで、子どもたちにとっては実は捉えどころのない指示です。

日記風に、その日の一日を時間に沿って書いていく子どももいるでしょうし、一つの種目のことを詳しく書く子もいるでしょう。あるいは、応援に来てくれた家族のことを書くかもしれませんし、本番を迎えるまでの練習のことを振り返って書くかもしれません。書く内容が拡散してしまい、何のために作文を書くのかの目的が焦点化されていません。

「成長ノート」は、
・教師が書かせるテーマを与える
・書くことに慣れさせる
・自分の成長を意識させる
・教師が子どもとつながる

といったねらいをもっています。１年間に４～６冊程度書くことになります。年間で150ほどのテーマを与えます。

平成24年度の６年１組では、年間160回、成長ノートを書かせました。具体的なテーマの内容は、次ページ以降をご覧ください。

全てのテーマに共通するキーワードは、「成長」です。

毎回、「成長」に必要なテーマを与えて書かせ、教師がそれに「励まし」のコメントを入れ、それを繰り返すことで成長を自覚させ、教師と子どもとの関係を強いものにするのです。
「ほめ言葉のシャワー」は、子ども同士の関係性を豊かにしていくために行いますが、「作文ノート」は、教師と子どもの関係を強く豊かにしていくものであり、「大丈夫だよ。安心していいんだよ。いつも見ているよ」という、教師の子どもに対するメッセージを伝えるものです。

１年間「成長ノート」を書き続けたある子どもは、卒業前に、次のようなことを書いていました。

○何が正しいのか、何が大切なのかといったことをぼくに教えてくれました。それが成長ノートです。こうやって今までのテーマを見て、４月から書いたことを読み返して、本当にそう思いました。

「成長ノート」は、子どもたちの「心の芯」を確実につくります。

ここがポイント
①「成長ノート」で書くことを通して人間を育てよう。
②子どもたちに、成長を考えさせるテーマを絶えず与えよう。

平成24年度6年1組「成長ノートテーマ」一覧

1. 先生への質問
2. 気の利いたこと
3. 教室にあふれさせたい言葉・なくしたい言葉（アンケート結果視写）
4. 六年生になってがんばっていること3つと今の気持ち
5. 窓の空から見たこと〈箇条書き〉〈自由起立発表〉
6. 「雨」という言葉からイメージすること
7. 1枚の絵を見て
8. 自由起立発表で考えたこと思ったことを3つ書きます
9. 具体的と抽象的
10. 6年生の約束
11. NHK取材が始まる水曜日からがんばること
12. 一年後に言われたい言葉・言われたくない言葉（アンケート）
13. 友達紹介質問ゲームの感想
14. 6年生の約束のふり返り
15. 道徳「1本のチューリップ」感想
16. 6年生になって心に残っている言葉
17. 道徳「叱られ方」感想
18. 最近の自分の成長
19. 集会「キックベース」の感想
20. 先生の動作を見て作文を書こう〈事実と意見〉
21. 席替えの感想
22. 1か月をふり返って

―――――――――――――――――――――― 以上4月 ――――

23. 先生へ
24. ゲーム「自己紹介すごろくゲーム」の感想
25. 「ほめ言葉のシャワー」岩崎さんを終えて
26. 「ほめ言葉のシャワー」井澤君を終えて
27. 「ほめ言葉のシャワー」江月さんを終えて
28. 「ほめ言葉のシャワー」井上君を終えて〈数字・会話文・固有名詞〉
29. 道徳「道徳とは？」道徳は、心を成長させる授業
30. 6年1組の話し合いをもっとよりよいものにしよう
31. 「ほめ言葉のシャワー」井上勢渚君を終えて
32. 「ほめ言葉のシャワー」大森さんを終えて
33. 5年生のころはどうだったのか
34. 過去のことでやめなければいけない行為
35. 過去をリセットして未来をどうするべきか
36. みんなの目標を決めてみんなで成長しよう〈学級目標〉
37. 1年後の自分たちを想像しよう
38. ディベート大会をふり返って
39. 運動会のふり返り
40. 人と人が話し合うということは？
41. もっと「ほめ言葉のシャワー」をよくするために

―――――――――――――――――――――― 以上5月 ――――

42. 係り活動発表会

43. 聞き合う教室
44. ＮＨＫの方の書かれた板書を視写
45. 音楽鑑賞会　お礼の手紙
46. グループのマスコットキャラクター決めを終えて
47. 上條晴夫先生大好き
48. ディベート学習をふり返って
49. 今日の目標
50. 学習規律を考える
51. 今日の目標
52. 明日の授業参観でがんばること
53. 道徳「コミュニケーション」感想
54. 授業参観のふり返り
55. 下級生に範を示すとは
56. １学期前半の読書生活のふり返り
57. なぜ、手を挙げて発表できないのか
58. 「ほめ言葉のシャワー」１巡目を終えて
59. 第２回「ほめ言葉のシャワー」をもっとよいものにするためにどうすべきか考えよう
60. 「ほめ言葉のシャワー」の感想の言い方
　　・自己確認　・自己拡大　・コミュニケーション
61. ５分休憩は、休み時間ではない
62. 「偉い人」とはどのような人か
63. 二重人格にはなるな「なぜ掃除ができないのか」
64. 学級を「仕切る」とは「６年生らしい自習にしよう」
65. 研究授業でがんばること
66. 道徳「少年院」の感想
67. 今日のていねいさと根気強さ
68. 「成長ノートNo.１」が終わって
69. 当たり前のことを当たり前に
70. 谷村君の「ほめ言葉」を書く
71. ２か月間をふり返って

以上６月

72. 澤田君の「ほめ言葉」を書く
73. 先生が出張の時に仕切る人
74. 先生が居ない１日のふり返り
75. 今までの話し合いを通して学んだこと
76. なぜ、よくなってきているのか
77. 下田さんの「ほめ言葉」を書く
78. １学期にがんばった学び
79. ３つあります作文「ＮＨＫの取材を通して学んだこと」
80. ＩメッセージとＹＯＵメッセージ
81. １学期の反省
　　・読書生活
　　・係り活動
　　・ほめ言葉のシャワー

以上７月

82. 成長のために「超一流の人は？」
83. いじめのないクラスを　これからの決意
84. 「一人でいる力」を考える日にしよう
85. 山本君の「ほめ言葉のシャワー」〈ユーモア〉
86. 「顔晴る」ということ
87. 「価値ある無理」とは？
88. 今すべきこと「チャイムを守ろう」
89. 気の利いたことを朝からやろう「大人は会社にいって仕事が始まるまで遊びません」
90. ピグマリオン効果
91. 修学旅行についての学年での集まり「6時間目の決意」
92. 山梨県からのお客様との接し方

———————————————————————————————— 以上9月 ————

93. 教室から「マイナス」の空気を消す
94. 全員参加の共同学習〈あいさつ○連発〉
95. 朝の黒板視写「窪田さんの給食台の片付け」
96. 羽田朱美先生への手紙
97. 朝の質問タイムを〈質問の仕方・この時間のねらい〉
98. 座標軸を使って1日を過ごす。途中経過と最終結果
99. スピーチで気をつけること
　　・「むすび」のこれで終わりますを言う
　　・相手（聞き手）の心を読む
　　・トートロジーにならない
100. バスレクの計画を立てよう
101. 修学旅行のスピーチ原稿
102. 算数の時間の約束
103. 算数の時間のふり返り（10分間作文）
104. 説明スピーチのポイント
105. 今日の気の利いたこと
106. 理科の学習で気をつけること
107. 朝のライフヒストリー「井澤君への質問」〈き・く・こ・よ・ね〉
108. ○○君のよくない行為

———————————————————————————————— 以上10月 ————

109. 席替えをして
110. 「されど」を大切にする
111. 道徳「いじめ」感想
112. 学校生活残り70日ぐらい
113. 理科の研究授業でがんばること
114. 理科の研究授業の反省
115. 「ほめ言葉のシャワー」の4回目で自分や学級をどのように成長させるべきか
116. 国語科の研究授業でがんばること
117. 国語科の研究授業の反省
118. 先を読むシミュレーション
　　・礼儀　　・教室の3条件　　・超細部
119. 調理実習の反省

———————————————————————————————— 以上11月 ————

120. ゲーム「実は、私…」の感想
121. 昨日の集会の反省
122. サンタさんは本当にいるのか
123. 自分が変われたのは何が原因か
124. 卒業新聞の20字作文〈意味の含有量〉
125. ６年１組は３学期どんな集団になるだろうか

以上12月

126. 始業式に伝えたこと
127. もっとよいクラスにするために〜したらよい
128. 谷村君にした朝の質問
129. ３学期１週間の反省
130. 卒業までのスケジュール
131. １年間で成長したこと学級編
132. 自分の好きなところ

以上１月

133. ちょっとした努力の差〈1.01と0.99〉
134. 躾・作法・親しき仲にも礼儀あり
135. 感謝の集いの言葉
136. 朝の山本君のミニライフヒストリーのよさ
137. 感謝の集いですること
138. 前向きに生活しよう〈アンビシャス〉
139. ヌプール先生（ＡＬＴ）への手紙
140. 「できる」と「した」の違い
141. 相手を好きになる質問をしよう
142. 井上勢渚君にした質問
143. 道徳の主題名で大事にしたい言葉
144. 読書生活１年間のふり返り
145. どんな自分、どんな学級であるべきか（今日の集会で）
146. 昨日の集会のふり返り
147. 過去と今（よさに気づけない、何がよいか分からない、言葉がない…）

以上２月

148. お別れ集会の感想
149. 試練の10番勝負第１戦「私にとって６年１組とは何だったのか？」
150. 「しん友」とは
151. 陶芸の作品を手にして
152. 試練の10番勝負第２戦「渡邊さんのチョンマゲは何の象徴なのか？」
153. 試練の10番勝負第３戦「成長ノートは私の何をどう育てたのか？」
154. 試練の10番勝負第４戦「なぜ、６年１組は話し合いが成立するのか？」
155. 試練の10番勝負第５戦「言葉（価値語）を得て自分はどう変わったのか？」
156. 試練の10番勝負第６戦「６年１組を漢字一文字であらわすとしたら何か？」
157. 試練の10番勝負第７戦「『ほめ言葉のシャワー』は、なぜ６年１組を変えたのか？」
158. 試練の10番勝負第８戦「６年１組の特徴・特長は何か？（生活編）」
159. 試練の10番勝負第９戦「６年１組の特徴・特長は何か？（授業編）」
160. 試練の10番勝負第10戦「ことばの力とは何か？」

以上３月

2 菊池メソッド

Q12 「成長ノート」をどうしても書くことができない子にはどのような指導をすればいいですか？

A 「人間を育てる 菊池道場流 作文の指導」（中村堂）の「おわりに」で、以下のことを書かせていただきました。

　私が若いときに、師匠である桑田泰助先生と、次のような会話をさせていただきました。
「菊池さん。子どもに最初から100行の作文を書かせようとしても書けないよ。どうしたらいい？」
『…分かりません』
「100行書けないんだから、まず、99行を教師が書いてやればいい」
『…』
「そして、『ほら、続きを書いてごらん』と言うんだ。最後の1行を書かせるんだ」
『…』
「そして、『すごいなあー。これで100行だ。君は、作文すごいな』と、ほめてやるんだ」
『…』
「そしたら、次は、半分の50行書いてやると残りを書けるようになるかもしれない。その次は、25行でよくなるかもしれない。1年後に、自分で100行書けるようになるかもしれない」
　こんな会話だったと覚えています。時々思い出しては、戒めとしている師匠からの教えです。

できないことを子どもの責任にしない、子どもを信じなさい、子どもに寄り添いなさいということを桑田先生は教えてくださり、私は、自身の教師人生の中でずっと反芻してきました。
　桑田先生は、
「人間は必ず変わるのだから、その可能性を信じて目の前のできることをしなさい」
　とも教えてくださいました。

「成長ノート」をどうしても書くことができない子にしてあげられることは、桑田先生のお考えの中に明確です。
　私は、その教え通りに、題名しか書くことができなかった子の「成長ノート」に、自分の手で作文を書いてあげることもしました。そして、赤ペンで、「あなたの作文が大好きです」とも書き加えました。
　下の写真は、少し書けるようになってきた子への赤ペンの実際です。「成長ノート」もほめることを軸としながら、子どもが成長することを疑わずに励まし続けることが重要です。

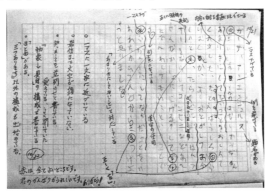

「成長ノート」に入れた赤ペン

ここがポイント
①子どもの可能性を信じて、教師がお手本を示そう。
②少しでも書けたことを、最大限にほめて伸ばそう。

2 菊池メソッド

Q13 「成長ノート」のコメントは、どのように書けばいいのですか？

A 「成長ノート」は、教師と子どもの関係を強く豊かにするためのものです。中でも、「成長ノート」の中に教師の書くコメントは重要です。コメントによって、教師と子どもが対話をして、関係性が深くなっていくのです。

　子どもとのつながりを深めていくには、テーマに沿って書いた子どもたちに贈るコメントを教師が一生懸命に考えなくてはいけません。コメントを読んだ子どもたちが笑顔を浮かべる様子を想像しながら、コメントを書きたいものです。

　子どもたちは、コメントをもらうのが大好きです。自分の書いた作文に、教師がどんな返事を書いてくれるかは、とても気になります。それは、大人でも同じです。交換日記のような、メールのやりとりのような、今でしたらＳＮＳでのメッセージのやりとりと似た感覚かもしれません。教師の書いたコメントに、さらに子どもがコメントを書いてくることもあります。そんな双方向のやりとりを楽しみながら、コメントを書きましょう。

　出演させていただいたＮＨＫの「プロフェッショナル　仕事の流儀」の中でも「成長ノート」を取り上げていただきました。その中で、「菊池さんは、子どもの文章を幾度も読み返す。そして一人ひとりに長い返事を書く。休みの日には、この作業に実に10時間を費やす」
　と紹介していただきました。ゴールデンウィークだったからたまたまできただけの話ですが、たまにで構いませんから、本気で教師が書き込

みをして返してあげると、子どもたちはとても喜びます。
　いつもたっぷりとコメントを書いてあげることができればよいのですが、教師が息切れしてしまっては意味がありません。いくつかのコメントの仕方のパターンをもっておくことが大切ではないかと思っています。

「作文ノート」へのコメントについて、菊池道場でまとめたことがあります。以下の４つのパターンがあると考えています。

①線と丸だけ返事
　時間がないときは、「見た」という事実を残すために、線と丸だけで返します。「成長ノート」を子どもに返すときに、一言、「時間が取れなかったから、丸だけつけています。全部に目は通していますよ」と付け加えれば子どもたちは安心してくれます。

②一言コメント
「いいね」、「なるほど」、「さすが」などの短いコメントです。
　一言だけのコメントを、子どもが書いた文の中に書き込みます。作文の最後ではなく、書かれているその文の横にコメントすることが大切です。後ろにまとめて書いてしまうと、子どもはそのコメントだけを読んでしまいますが、その箇所に書かれていると、子どもは自分の作文を改めて読み直します。自分が書いた作文を再度読むことで、よい文章やよい行動などの価値を高めることができます。

③つぶやきコメント
「そうかそういうことか。〇〇君のおかげで気がついた」など、子どもの文を読んでいて、実際に思わず教師がつぶやいたことを、そのまま、コメントとして書きます。そうすることで、そのコメント自体が生の声のようになって、生かされていきます。生の声のようなコメントで、子どもたちは教師と対話をしている感覚を味わいます。

④１ページコメント
　連休や長期の休みなど、時間が取れるときに行うコメントです。たっ

ぷり時間をかけて書けて子どもと真剣勝負をするコメントです。

「成長ノート」の1ページコメント

　前項の質問とも関連しますが、子どもたちの作文に赤ペンを入れる際に心がけておきたいことは、とにかく「ほめるために赤ペンを入れる」ということです。

　教師が赤ペンを入れるというと、どうしても子どもの作文の誤りを指摘するという意識が強いように思います。作文の誤りを探すような読み方を教師がすると、本当に大切なことを見落としてしまう恐れがあります。

　教師がコメントでほめ続けることによって、少しずつ子どもたちは、作文を書くことに自信をもつようになり、安心して自分の内面を「成長ノート」の中に書くことができるようになっていきます。教師のコメントは、子どもをほめるためにこそ書きたいものです。このことをしっかりと意識しながら、子どもたちが書いた作文と向き合いましょう。

ここがポイント

①コメントのパターンをいくつかもっておこう。
②子どもとの関係が深まる「ほめるコメント」を心がけよう。

白熱する教室をつくるQ&A55

3 対話・話し合いの授業、アクティブ・ラーニング

3 対話・話し合いの授業、アクティブ・ラーニング

Q14 自由起立発表の指導の手順とそのポイントを教えてください。

A 自由起立発表は、指名なしで、自分で立って話す発表形式です。挙手した人の中から、指名された人だけが発表するのとは違う緊張感があります。健康観察や国語科の音読の場面など、全員に発表させたい場面で使う発表方法です。

「ほめ言葉のシャワー」では、自由起立発表を原則にしています。「一人の人を全員でほめる」という「ほめ言葉のシャワー」と、全員が発表する自由起立発表は、ぴったりとマッチします。

自由起立発表は、譲り合いつつ、タイミングよく一人が発表をしていく方法ですから、スムーズに進行する土台には、教室の空気や子ども同士の関係性が必要です。

テンポよく次々と発言していくことが理想ですが、最初の段階では、必ずしも自由起立発表にこだわることはありません。

初期の頃は、先に発表したくて、「ほめ言葉のシャワー」の開始と同時に、一斉に10人ほどの子どもたちが立ち上がり譲ろうとしないということもあります。そのような場合は、無理に自由発表にこだわることなく、立ち上がった子どもたちの端から順に発表をさせていきます。「発表したい」と強い意欲をもった子どもたちのやる気をそぐようなことはしてはいけないからです。

一方で、とてもよい内容のほめ言葉を言うのに、いつも最初には立ち上がらず、あとの方にならないと発言しない子もいます。そのような子にインタビューをして、意見をシェアすることは有効です。

「どうして最初の方では立たないのですか？」
「立っている人が少なくなったところで立ったほうが、譲り合わなくてすむから」
「あとから言った方が、ほめ言葉を覚えてもらえそうだから」
「先に言うことは、そんなに大事ではない」
　などの意見が出されてきます。こうした意見を通して、クラス全員で「ほめ言葉のシャワー」を成功させていくという目的の理解が進みます。
　自由起立発表の中で複数の子どもの発言がぶつかりそうになって、「どうぞ」と譲り合う場面が出てきます。同じ場面で「どうぞ」と口に出すのではなく、すっと手を出して譲る仕草をする子どもがいました。私は、そうした行為を見たときにしっかりとほめます。
「今、○○さんは、声に出さないで発言の順番を譲っていました。きっと、ほめ言葉を言っている人の迷惑にならないように、という思いからでた美しい姿だ思います」
と言って、黒板の５分の１のスペースに「ハンドサイン」という価値語を書いておくと、教室に温かな譲り合いの仕草が増えていきます。
　自由起立発表とあわせて、正対した聞き方の指導もしておきたいものです。友達が主人公にほめ言葉を言っているのに、友達の方を見ることなく集中していないようでは「ほめ言葉のシャワー」の目指す子ども同士の豊かな関係性をつくっていくことはできません。よいモデルとして正対して聞く姿を写真に撮って子どもたちに見せてミニ授業を行い、正対して聞くことの価値を確認します。
「個の確立した集団を育てる　ほめ言葉のシャワー　決定版」（中村堂）に付属するＤＶＤには、私自身が自由起立発表の指導をする様子を動画として収めています。参考にしていただけると幸いです。

ここがポイント
①段階を踏んで、自由起立発表ができる教室の空気をつくっていこう。
②同時に、正対して聞くことの価値を確認しよう。

3 対話・話し合いの授業、アクティブ・ラーニング

Q15 語彙を増やして、言葉を使いこなせる子どもを育てたいと思っています。どのような指導を心がければよいでしょうか?

A 以前、「婦人公論」(2016年3月8日号)という雑誌で、作家であり歌手でもあられるドリアン助川さんと対談をさせていただきました。

そのときに、ドリアン助川さんは、
「たとえ受験や就職に失敗しても、たとえお金がなくても、語彙を増やしていくことはできる。名詞の森は、ただそれだけで財産になると同時に、言葉はやがて実体験を求めて持ち主を正しい道へ、未来へと導いてくれます」
と語られました。私はこの「言葉はやがて実体験を求める」という言葉に大変感動しました。(Q9も参照してください。)

また、齋藤孝先生は、「語彙力こそが教養である」(角川新書)という書籍の中で、「語彙が豊かになれば、見える世界が変わる」としたうえで、語彙力をつけるのは、果てのない作業で、根気強く取り組む必要があるとおっしゃられています。知的好奇心をエネルギーとして、確実に豊かな教養を手にしようと呼びかけられています。

「語彙を増やして、言葉を使いこなせる人間」という像は、私自身が育てたいと考える教育観と同じであり、とてもうれしく思います。

齋藤孝先生がこの本でも書かれているとおり、語彙を増やしていく具体的な方法としては、読書をすることです。私は学力の基本は読書にあると考えています。私は、子どもたちに年間100～200冊の本を読もうと呼びかけていました。学校内のルールでは図書館の本は1冊ずつしか借りられないことになっていましたが、私は1冊は学校にいる間のすき間

の時間で、１冊は家で読むようにと、２冊ずつ借りることを許可していました。
　また学級の課題図書を決めて、必ず１年間の中で全員が読む本を指定しました。子どもたちは、放っておくと、愉快な物語ばかりを読みがちです。しっかりした教養の基礎となる齋藤孝先生の「ガツンと一発」シリーズ（ＰＨＰ研究所）などを課題図書にしました。
　現在では、教科書に伝記が載ることが少なくなりましたが、学び方や生き方を学ぶために、伝記を読むことも推奨しました。
　教室の上にはいつでも読めるようにと本を置くようにしていましたし、いつでも言葉の意味や漢字の読み方を調べられるようにと、辞書も重ねてありました。100円ショップで販売されている四字熟語辞典、ことわざ辞典、慣用句辞典などを買ってきて積み上げている子どももいました。
　言葉の数を増やすことは最終目的ではありません。言葉を使いこなせて初めて言葉を獲得したと言えるからです。例えば、ペーパーテストで、「つぎの言葉の意味にあうものに○をつけなさい」という問題があって、３～４つの選択肢の中から正解を選ぶことができたとしても、それは本当に生きてはたらく学力とは言えません。
　毎日行う「ほめ言葉のシャワー」の中で、
「○○さんは、今日は雨が降っていて、休み時間に周りが騒がしくても一心不乱に本を読んでいました」
　というように、新しく知った「一心不乱」という言葉を日々の会話の中で使うことができたとき、それははげ落ちることのない、確かな学力として定着していくことでしょう。
　会話の中で使える豊かな言葉の力を身につけさせてあげることは、教師の役割としてとても重要なことです。

ここがポイント
①読書こそが語彙力を高めていく方法。
②日々の会話の中で使える豊かな言葉の力を身につけさせよう。

3 対話・話し合いの授業、アクティブ・ラーニング

Q16 映画「挑む」を観ました。菊池学級の子どもたちの話すテンポのよさに驚きました。日常的にどのような指導をされているのでしょうか?

A これまでにも、何度かお話をさせていただいていますが、私がコミュニケーション教育を始めたのは、自分の年齢が30歳を超えた教師生活９年目のことです。

その年は、５年生を担任しましたが、前年度に「学級崩壊」をしていたクラスでした。担任の教師は新しく私に変わりましたから、新年度スタートの日に、私は、

「先生は、みんなと今日会ったばかりでみんなのことが分からないから、自己紹介をしてください」

と言って促しました。

すると、30人ほどの中の３、４人が自己紹介をできずに泣き出してしまったのです。「私の名前は、○○○○です。好きなスポーツは、サッカーです」というレベルの自己紹介です。

私は本当に驚きました。学級崩壊していたような集団の中では、安心して自分を開示することができないのだということを気づいた最初だったのです。そして、私はこの子たちをひとまとまりの話ができるようにしてあげたいとの思いから、コミュニケーション教育に取り組むようになりました。

最初はスピーチから入りました。内容だけでなく、伝え方の工夫や声を出すトレーニングもしました。言葉遊びを通して声をつくっていくという方法は効果的でした。

学年の初めには、体育のあと、運動場で大声大会をしました。「６年１組○○○○です。１月期は□□□することを頑張ります」というよう

なことを大きな声で言い合うのです。

　話し方については、「滑舌よく話す」「スピード感をもって話す」という指導を心掛けていました。日本の伝統的な文化としては、ゆっくり丁寧に、ということに価値がおかれているように思います。私は、滑舌がよければ、速くても聞き取れるし、速く話すというスピード感が教室の中でのトレーニングとしては大切だと考えてきました。

　また、声の大きさも、価値語にある「出る声を　出す声にしよう」のとおり、場に応じて意識的に声の大きさをコントロールすることも指導しました。

　そして、「～だと思います」という文末ではなく、「～です」「～ます」と言い切ることで、自分の発言に責任をもつということも日頃から言い続けてきました。

　授業の中では、誰かが発言をしようとする前に、
「きっと、○○さんは、はきはきとした美しい日本語で、発表してくれることでしょう」
というように声かけをして、発言の基準を示しつつ、プレッシャーを少しかけることもしました。

　こうした日常的な一つひとつの指導の蓄積の結果、見ていただいたような子どもたちの圧倒的な話す力が育っていったと確信しています。

　一方で、話し方の指導だけでは話すことはできません。スキルがあったとしても、その力を発揮できる場であるかどうかが問われるからです。その意味で、私は同時に、子ども同士の関係性を強くしていくことを心がけました。不安な環境の中で自己開示ができないわけですから、安心して自己開示ができる人間関係をつくっていくことが何よりも大事だからです。この点を大切にしていただきたいと願っています。

ここがポイント
①スピードを意識した話し方の指導をしよう。
②子ども同士の関係性を強くことがコミュニケーションでは重要。

3 対話・話し合いの授業、アクティブ・ラーニング

Q17 菊池学級の子どもたちの話すスピードの速さに驚きました。このようなスピード力を育てるにはどのような指導をすればよいのですか？

A Q16で、話し方全般についてお答えしましたので、ここでは特に話すスピードについて考えてみます。

黒板の左5分の1を使って、価値語を書き留めることはお話ししました。多くの教室で感じる「硬くて遅い」状況を変えていくために、私は「切り替えスピード」という価値語を、ほぼすべての飛込授業の際に書きます。

話すスピードの前に、学び全体のスピード感が必要だからです。隣の席の友達と話し合う、話し合いを終えて前を向く、友達の発表を聞く、グループで話し合うなど、刻々と変わる学習の場面を、パッパッと切り替えられるようにしたいものです。

「切り替えスピード」と黒板に書いて、

「君たちは、これがすごい。こんな教室見たことがない」

とほめます。多少遅くてもそのようにほめます。素早く切り替えることの大切さを価値語を通して伝えます。1時間の中で10回程度はこの価値語を繰り返します。途中、

「君たちの得意技を見せてもらいましょう」

と言って、切り替えの速度をますます速くしていくように仕向けます。1時間後には、教室の空気がピリッとして、行動を素早く切り替えられるようになるのです。

こうした場面で、
「話し合いが終わったら、早く席に戻りなさい」
　と大きな声で言ってもその効果はほとんどありません。ダラダラと席に戻っていくことでしょう。プラスのストロークで、価値ある行動ができるように導くことが大切です。

　学びのスピードが速くなると話すスピードもそれに伴って速くなっていきますが、時間やスピードを意識させるための指導も重要です。
　毎日行う「ほめ言葉のシャワー」では、
「だらだら話すのはやめましょう」
「15秒で話しましょう」
「滑舌よく話しましょう」
　と、話のテンポが遅かったり、モゴモゴとしゃべっているようなときには、その場で指導します。子どもの中には、ストップウォッチを使って全員の話す時間を測り、「13秒！」と伝えてくれる子も出てきます。
　ディベートは、立論、質問、反論とも、全て1分としています。長い時間の中で多くの論点を出すのではなく、限られた時間の中で精選した意見を言えるようにしたいからです。
「ディベート学習で学んだことは何か」というテーマで話し合いをしたことがあります。そのときに114個の「学んだこと」が出されましたが、スピードに関して出された意見は次のようなものでした。

・決断力　　　　　　・話すタイミング
・凛とした空気　　　・切り替えスピード
・審判が聞き取りやすいスピード、声で言う
・臨機応変のきびしさ　・頭の回転を速くする

ここがポイント
①黒板の5分の1を使って「切り替えスピード」を定着させよう。
②時間を意識するしかけを用意しよう。

3 対話・話し合いの授業、アクティブ・ラーニング

Q18 菊池学級の話し合いで、孤立した意見の子が、多くの友達からどんなに責められても泣くこともなく対応していました。どのようにすればそのような話し合いができる子どもに育てられるのでしょうか?

A 話し合いの方法についてお答えする前に、教師としての覚悟について少し述べます。

私自身の反省も踏まえて思うことは、新年度を迎えた教師には「どのような子どもを育てるか」という3月末のゴールイメージを含め、「どんなことがあっても子どもを信じて成長させる」という強い覚悟が必要です。

4月の段階から、「新しいクラスには○○君がいるから心配だ」と、すでに腰が引けたような気持ちでいたら、子どもを育てることはできないと思うのです。

その意味で、私が担任した子どもたちのリアルな様子が収められた「ドキュメンタリー映画　挑む」や「DVDで観る　菊池学級の成長の事実」(中村堂)のDVDをご覧いただきたいのです。私の考える「こんな子どもを育てたい」という暫定的なモデルとして見ていただきたいのです。

そして、抽象的な理屈の上での話ではなく、事実の映像に基づいて授業観に関して意見を交換したいのです。

私が、新年度担任する子どもたちと出会った当初は、皆一様に「かったるさ」を醸し出していました。子どもたちの人間関係が希薄で、一生懸命だったり、真面目だったりする態度が、逆に嘲笑されるような雰囲気でした。一生懸命やろうとすると、周りの友達から、「なに、あの人。かっこつけて…」と言われてしまうのです。

したがって、仲間外れにされないためにも、何かをする際にはだるそ

うな態度をあえてとり、教室全体の空気に合わせざるを得なかったのです。意見を言う際には「〜です」と言い切ることができず、「〜だと思います」と曖昧にしてしまうのです。

　こうした現状を認識して、1年間の見通しをもって、子ども同士の関係性を豊かにしながら、話し合いのできる子どもを育てていく必要があります。

　一斉授業から話し合いの授業へと転換して、アクティブ・ラーナーを育てていくための具体的な手立てについては、菊池道場のメンバーとともに「1年間を見通した　白熱する教室のつくり方」（中村堂）という本としてまとめましたので、詳しくはそちらをお読みいただきと思いますが、ここではその概略をお伝えします。
　まず、1年間を5期に分けてゴールを目指します。

対話・ステップ1
ディベート・ステップ1
対話・ステップ2
ディベート・ステップ2
対話・ステップ3

　このように、私は話し合い力の骨格をつくるためにディベートを取り入れました。その後、私は子どもたちの成長の姿を見るにつけ、ディベートは単なる話し合いの技法の一つに留まるものではなく、悪しき一斉授業に対置するものであるとも考えるようになってきました。その点については、別の機会に詳しくまとめたいと考えています。
　ディベートとは、ルールのある話し合いです。ある特定のテーマの是非について、肯定・否定の立場に分かれて、第三者（審判）を説得する形で議論を行います。肯定・否定の立場は自分の考えに関係なく決定し、

それぞれの発言回数や発言時間も限定されます。このように、ディベートは、一定のルールのもとで行われる話し合いです。

ディベートというと、競技ディベートを連想して、「話し合いで相手を打ち負かすもの」とのイメージをもっている人がいるかもしれません。ディベートは、本来、議論に勝つことを目的としているのでなく、それを経験することで、問題解決能力や論理的思考力、情報活用能力、客観的・批判的・多角的視点など様々な力を育てることを目的としているのです。

また、ディベートは、スピーチとは違って、双方向のコミュニケーションが必要です。「相手の話を聴く、自分の考えの根拠を明確にして相手に分かりやすく伝える」といったコミュニケーション力を身につけることができるのです。こうした力は、これからの社会を生きていく上でとても重要な力です。そのような力をもった子どもたちを育てることを目的としています。

ディベート学習で身につけた力を、普段の話し合いにも活用していくことで、よりよい話し合いができるようになります。よりよい話し合いができるようになると、言葉を大切にした、コミュニケーションが豊かに行われる集団になります。そのような教室は、子どもにとって安心感のある居心地のよい場所となり、明るく楽しい学校生活を送ることができるようになるのです。

新年度に担任としてスタートする段階では、子どもたちの話し合いの力量には、大きな個人差が見られます。最初の頃の話し合いの様子は、議論がかみ合わず、自分の意見を押しつけるだけだったり、全く自分の意見が言えなかったりしています。話し合う力は、勝手には育ちません。計画的・意図的な指導をして、経験を積ませていくことが必要です。

話し合いが成立するためには、
・根拠を明確にして、自分の考えをもつことができる

・相手の根拠について理解し、納得あるいは反論できる
・感情的にならずに話を進められる
　など、様々な力が必要になります。こうした力をディベートを通して身につけさせていくのです。
　ディベートを経験することで、どのように考えを主張すればよいのか、質問や意見の言い方はどうすればよいのか、反論するときにはどうすればよいのかなど様々なことを学びます。また、技術的なことだけでなく、話し合うことで考えを広めたり、深めたりするなどの話し合いの価値に気づいたり、お互いに意見を言い合うことは成長していくために大切なことであると思えたりするようになっていくのです。
　話し合い力が育っていないと、人と意見の区別ができず、「〇〇さんが言っていることだから正しいだろう」と、根拠なく賛成・反対の意思表示をしてしまう場合が少なくありません。話し合い力が育ってくると、話し合いの焦点が内容そのものになり、誰が言っているかは関係のないことになるのです。
　映画に収まっている男の子は、様々な話し合いの経験を重ねる中で、強い話し合い力を自分のものにしたのです。

ここがポイント
①育てたい子どもの具体的なゴールイメージをもってスタートしよう。
②人と意見を区別できる人間を育てるためにディベートに取り組もう。

3 対話・話し合いの授業、アクティブ・ラーニング

Q19 立ち歩いての話し合いのときに、傍観者をつくらないようにするにはどうしたらいいのでしょうか？

A 1年間の見通しをもった指導が重要な内容です。「最終的に傍観者をがいない教室にする」という目標をもって、話し合いの授業を丁寧につくっていっていただきたいと思います。

新しい年度がスタートした当初に話し合いを仕組んでも、仲間同士で集まってしまったり、どの話し合いの輪の中にも入れない子がいたりするのは、ある意味当たり前です。そんな子どもたちの様子を見たときに、指導のチャンスと捉えることができるかどうかで、教師自身の成長が決まると私は考えています。

タイミングにもよりますが、場合によっては、その様子を材料として授業を創っていってもいいわけです。「全員で話し合いができるようにするにはどうすればいいか？」というテーマで話し合いをするのです。

Q18に書きましたが、私は、菊池道場の仲間とともに、『1年間を見通した 白熱する教室のつくり方』（中村堂）という本をまとめました。1年間を5期に分けて、各段階の指導のポイントを示しています。

4・5月は、「対話のステップ1」の時期で、次の4点を指導のポイントとしています。

1. 話し合いの基本型を示す
2. 全員参加を促す人間関係づくり
3. 白熱につながる学習スタイルの定着
4. 全員参加を促す教師の働きかけ

学習や人間関係に対する不安が大きい中で、話し合いに参加すること自体子どもにとっては負担の大きいことです。その気持ちをよく理解して、安心できる人間関係づくりをすることが、教師の大切な役割なのです。
「質問タイム」や「ほめ言葉のシャワー」などを通じて、友達との共通点や、自分や友達のよさに気づかせていきます。自分のよさを周りの友達が認めてくれるという安心感の中で、子ども同士が積極的に関わり、信頼関係が強くなっていきます。そのことは、活発な話し合いへとつながっていきます。
　掲示物による全員参加の意識づけも重要です。例えば学級目標です。私のある年の学級目標は、次の通りでした。

　「あたたかいほめ合い」が34人でできる学級
　「あたたかい話し合い」が34人でできる学級

　人数を書き込むことで、クラス全員で目標に向かって頑張るという意識をもたせていました。Q8で紹介した「自画像画」も全員参加を促すためのものの一つです。
　全員参加を促す教師のはたらきかけも大切です。
　これも、基本は「ほめる」ことです。
　間違った答え、論点のずれたトンチンカンな答え、それらを否定してしまうと子どもたちは失敗感を覚え、つぎの挑戦に対して臆病になってしまいます。「教室は間違える場所」との安心感をもたせ、学ぶことの意欲を子どもたちから引き出すようにしましょう。変容重視で成長をほめることで、全員参加の教室の空気をつくっていきましょう。

ここがポイント
①1年間の見通しをもった指導が重要。
②子どもをほめよう。失敗感を与えないようにしよう。

3 対話・話し合いの授業、アクティブ・ラーニング

Q20 子どもたちが考えを正直に自分の言葉で言えるようになるには、どのくらいの期間が必要なのでしょうか？

A 子どもの1年間の成長を見通す「成長曲線」を私の学級の子どもがポスターにしてくれたのが、下の写真です。

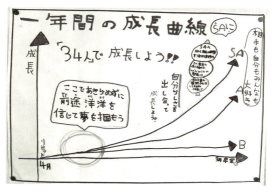

成長曲線のポスター

私の経験からも、このポスターにも表されているとおり、11月から12月の2学期の終わりあたりが変わり目ではないかと思います。また、その頃を教師の指導の側面からも、一つのゴールとして目指す必要があるのではないかと思います。

1学期は、教師が中心となって、学習規律や基本のやり方、ルールの価値を伝える時期で、全体よりも個を意識します。

2学期は、子どもが中心となって、白熱する話し合いの体験や意見の価値を学びます。個よりも全体を意識します。この時期の終わり頃には、自分の考えを自分の言葉で言えるようになります。

3学期は、教師も関わりながら、再び個に戻って、自問自答や個人での振り返り、個人での白熱の段階へと進み、ゴールを目指します。

このように、大きく1年間の見通しをもって、その時期に必要な力を身につけさせていくのです。
　例えば、指名の仕方に変化をもたせることで、自分の意見を積極的に言える子どもを育てていくことができます。「発問して挙手を求め、指名された子どもが答える」という一般的な挙手・指名は、正解を求める一斉指導の典型です。列や班の全員を立たせて発言をさせたり、挙手した子全員に発言させるなどします。その際に「前に言った人と同じだってことはないよね」などと一言添えておくと、発言の内容が多様化し、その子らしさが発揮されたものになっていきます。
　このようなことを授業の中で、丁寧に積み重ねていくのです。
　関係性ができてくると、一人ひとりが、もともともっているその子らしさを発揮していいということを感じ始めます。自分らしさを発揮することこそが価値だということに気づきます。そして、それが学級の空気となり文化になっていくのです。
　最近は全国の様々な教室をお伺いする機会が多くなりました。その中で気になっていることの一つは、アクティブ・ラーニングの手法をただ取り入れただけの授業が行われていることです。アクティブ・ラーニングの様々な手法が提案されていますが、形式をそのまま取り入れただけで、内容が全くともなっていない活動が行われていることがあります。当然、子ども同士の関係性は弱く、子どもたちもその場の活動として行っているだけで、成長のゴールイメージは伝わってきません。
　のちほど改めてお答えしますが、アクティブ・ラーニングという手法を取り入れることが目的なのではなく、アクティブ・ラーナーを育てることが目的だということを忘れてはいけません。

ここがポイント

①11月から12月をめどに、見通しをもった指導をしよう。
②「その子らしさ」の発揮される教室を目指そう。

3　対話・話し合いの授業、アクティブ・ラーニング

Q21　「人と意見を区別する」最初の授業は、どのようなものが考えられますか？

A　「人と意見を区別する」ことは、菊池学級の価値語でもありましたが、話し合い力の基本となることです。

　人間は、一人ひとり違っていて、見える部分の違いはもちろん、考えていることも違うということを意識することが、最初の授業のめあてとなります。

　いろいろな方法が考えられますが、例えば、国語の教科書に掲載されている作品をひとつ一読させ、その感想を全員から出させてみましょう。一人ひとりの感想が違うことを知り、違うことが当たり前だということが意識化されます。

　Q20の質問への回答の中でも少し触れましたが、「みんな同じということはないよね」と声かけをします。こうすることは、安易に「同じです」という発言をさせないということもありますが、「自分の思ったことを言ってもいいんだ」という安心感を与える目的もあります。違うことが当たり前という価値観を育てていきたいものです。

　正解を求めるのではなく、自分らしさを発揮させることを重視するのです。一斉指導の授業を受けていた子どもたちは、正解を答えることを求められています。

「できた人？」

「分かった人？」

　と聞かれて正解を答えるというパターンです。

「みんな同じということはないよね」

　という教師の声かけは、

「みんなと同じでなくていいんだ。違っている方がいいんだ」
と、これまでの子どもたちの学習観を180度転換させるもののはずです。
　私が担任した子どもたちの中にも、正解を答えるだけの授業ではなく、その子らしさが発揮された意見を求める私の授業についていけず、私が担任になった当初、発言がグンと少なくなってしまった一人の女の子がいました。そんな経験を、菊池道場が主催する教師向けのセミナーに参加した際に、参加された先生から「自分が変わったきっかけ」について質問され、次のように率直に語ってくれました。

> 　私は、プレッシャーが大きくなったことです。前までは私は結構真面目な方で、1、2年生とか、3、4年生の頃は、発表をたくさんしていたんですよ。5年生になって、菊池先生に会ってから、成長する人が増えて、先生の出す問題も難しくなって、発表する回数が少なくなったんですよね。それで、このままの自分でいいのかなーって思って、逆にプレッシャーがかかって、これから頑張ろうってなって気持ちが大きく成長しました。

　一斉授業に慣れていた優等生だった子どもが、話し合いを中心とした一人ひとり違って当たり前という授業に戸惑いながら、見事に成長して、自分らしさを発揮してくれました。壁を乗り越え、自分らしく考えることができるようになると、もともともっていた力と相まって、目覚ましく成長していきました。
　答えを外に求めるのではなく、自分自身の中に求め、その子らしさのあふれる解を導き出す学びこそが、アクティブ・ラーナーの姿なのです。

ここがポイント
①違っていることが当たり前という価値観を身につけさせよう。
②答えを自分自身の中に求める学びをつくっていこう。

3　対話・話し合いの授業、アクティブ・ラーニング

Q22 話し合いが停滞してしまったときに、教師はどのように関わっていけばよいのでしょうか？

A 　私が話し合い力を育てるために、ディベートを行ってきたことはこれまでも述べてきました。

　ディベートは、話し合いのルールを明確にしていて、「聞く番」と「言う番」が公平にあります。

　私が教室で行っていたディベートの基本的なルールを紹介します。

---

1. 論題（話し合うテーマ）が決まっている。
2. 立場が2つ（肯定・否定、AとBなど）に分かれる。
3. 自分の考えとディベートをするうえでの立場は無関係である。
4. 肯定側立論→否定側質疑→否定側反駁→否定側立論→肯定側質疑→肯定側反駁→判定　の流れで行われる。
5. 立論・質問・反駁できる時間は決まっている。（全て1分を基本とする）
6. 勝敗がある。

　このルールでお分かりいただけるように、ディベートでは、話し合いの停滞があったとして、1分を基本としていますので、否応なく「番」が交代し、流れは必然的に変わっていきます。

　このディベートの経験を、普段の話し合いの場面で教師も子どもも生かしていくことによって、ご質問いただいた問題は、ほぼ解決されるはずです。

　「ドキュメンタリー映画　挑む」の中に、セミナーに参加した子どもた

ちが、「海の命」(著：立松和平)という作品を教材として白熱した話し合いをしている場面があります。その中では、「主人公・太一の気持ちががらりと変わった場面はどこか」ということについて話し合ったのですが、一人の男の子の発言を巡って議論が熱くなりました。

　この場面で私は、議論をより活性化させるために、
「ちょっと話題変えましょうかね。反論にいきましょうか。はい、どうぞ」
　とディベートのルールに準じて、反論側に「番」を転換しました。ディベートを経験している子どもたちは、このような転換も抵抗なく受け容れることができます。

　話し合いの授業を始めたばかりの年度当初には、発言がどうしてもできない子どももいます。それに対し、「どうしたらいいですか」という質問をよくいただきますが、できない子がいることはある意味当たり前です。聞くこと、書くことによって話し合いに参加するという視点をもって、1年間の中で焦らず指導をしていきましょう。

　また、明らかに根拠が崩れているのに立場を変わろうとしない子どもがいる場合もあります。そうした場合は教師が、「もうだめですね。潔く変わりましょう」と言って、立場を変えさせることもあります。内容によっては、時間の制限を設けず、話し合いの様子をずっと見守ることもしました。

　ディベートで話し合いのルールの基本をきちんと身につけたうえで、場面と教室全体の空気の中で、どのように話し合いを進めていくのがよいかは、先生方の「らしさ」の発揮のしどころだと思います。

ここがポイント
①ディベートのルールを、日常の話し合いの中に応用しよう。
②話し合いを始めた当初は、教師の軌道修正も必要。

3　対話・話し合いの授業、アクティブ・ラーニング

Q23　一斉指導と対話型授業をどのように使い分ければいいのでしょうか？

A　年間のカリキュラム、その授業のテーマ、話し合いの目的や質の問題がありますから、簡単には言えないことですが、ざっくりと言えば、「絶対解を学ぶ授業は一斉指導で」、「納得解を深めていく授業は対話型の授業で」ということになろうかと思います。

国語で文学作品を読む場合や、道徳の授業は、最初から対話型授業を進めていくことができると思います。

社会科の授業でよく行われるのは、まず一斉指導で知識をおさえ、その知識を活用してディベートをするという方法です。「知識がなかったら話し合いができない」という一般的な理解に基づいています。

ただ私は、この方法に疑問をもっています。それは、この方法では、学んだ内容からしか考えが出されないという、限定的なディベートになってしまうことが多いからです。

私の理想は、対話型から入って学びが白熱し、さらなる知識が必要になってきた段階で学ぶという進め方です。

ディベートのもつ授業観については、これまでも触れてきましたが、日本にディベートを広められた松本道弘先生との対談の一部を紹介します。

松本　話が少し戻りますが、私がどうしてディベートを始めたかというと、思考訓練をして、考える喜びを得るためです。（中略）
菊池　私が先ほど申し上げたように、学校には、知識領域の内容を

きちっと教えるんだという文化がずっとあるわけです。それに
　　　対して授業観が違うと言ったのは、まさにその点なんです。
松本　ここが最大のポイントです。菊池先生のおっしゃるとおりで
　　　す。教室でディベートをやる目的は、ディベートによって、子
　　　どもたちがどんどんどんどん活性化して、発見の喜びを知り、
　　　自己発見型の学習に変わっていくためです。
　　　　これは、ヒューリスティック・アプローチ（heuristic
　　　approach）といって、先生が知識を押し付けるのではなくて、
　　　子ども自身が目をきらきらさせながら、自己発見型の学習がで
　　　きるように変わっていくことをめざしているのです。
菊池　そうですね。結局、教室の中で、既存の知識をきちっと教え
　　　るという教師から子どもへの一方通行の関係ではなく、子ども
　　　たちが、どっちがよいのかという価値判断の質を競い合うとい
　　　う喜びや面白さが、ディベートの中に端的に出てくるのだと思
　　　います。子どもたち同士の競い合いの中で、教えてもらったり、
　　　気付かせてくれたりという学びです。
松本　今、おっしゃった価値判断の質とか、私はよく哲学という言
　　　葉を使いますが、それがなくなってしまうと、ディベートもた
　　　だ早口になったり、数多く言えばよいみたいな方向に行ってし
　　　まうのです。　　　「ディベート　ルネサンス　究論復興」（中村堂）より

　このように、単元の終わりに行うディベートでは、それのもつ授業観
が生かされないと考えているのです。その意味において、ディベートは
単なる手法ではなく、一斉授業の対極にある授業観をもったものなので
す。

ここがポイント
①絶対解を学ぶ授業は一斉指導、納得解を深めていく授業は対話型授業。
②ディベートで自己発見型の学習を。

3　対話・話し合いの授業、アクティブ・ラーニング

Q24 私は現在、50代も半ばになりました。「Teachingから Coachingに変えていこう」と言われて、頭では理解するのですが、なかなかそのように教師としての自分を転換できません。どのようにすれば変われるのでしょうか？

A 　学校教育に限って見ても、ここ30年間の中での教育制度、教育観、評価方法の変化は、とても大きいものがあります。

・1987年　「新しい学力観（思考力や問題解決能力などを重視）」提起
・1992年　生活科スタート、毎月第2土曜日を休校に
　　　　　小学校で観点別評価導入
・1995年　毎月第2・第4土曜日を休校に
・1996年　中央教育審議会「生きる力」を提言
・2000年　総合的な学習の時間スタート
・2001年　滋賀県栗東市で2学期制導入
・2002年　完全学校週5日制をスタート
　　　　　「目標に準拠した評価（いわゆる絶対評価）」に移行
・2007年　全国学力テスト（全国学力・学習状況調査）スタート
・2009年　教員免許更新制スタート

　現場の教師は、こうした様々な施策が出されるたびに、それへの対応を全力でしてきました。学力観や評価方法は、教師の授業観にも大きな影響を及ぼします。

　私も、ある意味翻弄されながら、しかし一方で教師としての在りようを信じて、33年間の教師人生を送ってきました。

　また、2016年12月21日に中央教育審議会が発表した「次期学習指導要領等に向けたこれまでの審議のまとめ」では、これまで学習指導要領で示されていた「何を学ぶか」という指導内容だけでなく、「どのように

学ぶか」の指導方法・学習方法も示されました。具体的には、アクティブ・ラーニングによる「主体的・対話的で深い学び」の実現を求めています。

　学習指導要領の改訂に伴って、2018年には、「特別な教科　道徳」がスタートします。2020年からは、小学校で「外国語（英語）」が教科としてスタートするとともに、プログラミング教育が必修化されます。

　今後もこうした大きな変化に教師は対応していく必要があります。

　ご質問の「Teaching から Coaching に」ということですが、私の言葉で言い換えるとすれば、これまでにお答えしてきているとおり、教師は「教える役からつなぐ役へ」と変化していくことに尽きると考えています。

　子どもたちも、従来の一斉指導に慣れている中で、主体的・対話的で深い学びをへと変化を求められます。

　現在の教室の子どもたちは、「怒られるほど悪いことはしたくないけれど、ほめられるほどいいこともしたくない」という空気の中にいると私は感じてきました。そうしたけだるさの中で、主体的・対話的な学びができるはずはありません。主体的に頑張る姿を見せることは、周りの子どもたちからマイナスの評価しかされないから、頑張ろうとしないのです。

「Teaching から Coaching に」ということを難しく考えないで、子どもたちをほめることで、少しずつ望ましい方向に導いていくことから取り組んでいただきたいのです。

　セミナーに来て学ぼうとされていること自体が、すでにアクティブ・ラーナーの姿だと自信をもっていただきたいのです。

ここがポイント
①今後も、教師は変化に対応していく必要がある。
②まず教師が、アクティブ・ラーナーになろう。

3 対話・話し合いの授業、アクティブ・ラーニング

Q25 対話・話し合いの授業の中で、場面緘黙のお子さんにはどのように対応すればよいのでしょうか？

　　　　　この質問も多くいただくものの中の一つです。
　　　　　「菊池先生のクラスで発言が苦手な子どもはいませんか？」
と、質問されることもあります。

　私が講演会やセミナーで公開している動画を見ていただければ分かると思いますが、子どもたちの話し合いへの参加の仕方は様々です。

　多くの先生方は、「全員が常に手を挙げて、発言している授業」でなければならないと思っておられるようです。

　まずは、その考え方を変えていただきたいのです。子どもたちを意味なく追い込むことになります。授業が硬いものになります。対話の醍醐味でもある「新しい発見」「自分の変容」にいかないで、発言の回数だけを競う授業（学習）になってしまいます。

　「知識重視」の授業観から「変容重視」の授業観へと転換していただくことが重要なのです。

　私の発言についてのスタンスは、
①しっかりと聞いていたら話し合いに参加していると判断する
②まず、書かせて、それを読んでも立派な発表とする

　ということです。こう考えることで、「発言できない子」も教師も楽になれます。学級全員も落ち着いて考えることができるようになります。それでも発言できない子どもへの指導は、1年間という期間があるのですから最初は気にしません。

「個の確立した集団を育てる　ほめ言葉のシャワー　決定版」（中村堂）に付属するＤＶＤの中に、私が愛知県犬山市の小学校で行った「ほめ言葉のシャワー」の導入の授業の映像を収めています。
　授業をさせていただいたクラスは、担任のご指導のもと、子どもたち同士の温かな関係性が伝わってくる、素敵な教室でした。
　そのクラスにコミュニケーションをとることが苦手なお子さんが二人いました。その内の一人の女の子は、去年までは授業の中ではほぼ話をすることができなかったそうです。新しい学年になって、そのクラスの中で少しずつ話ができるようになっていました。初めての「ほめ言葉のシャワー」の中で、彼女がほめ言葉を言えるかどうかがこの授業の焦点の一つでしたが、彼女は頑張って、最後から２番目に、友達へのほめ言葉を見事に言いきりました。
　最後のポイントとなったのは、一人の男の子でした。それまでの授業中の様子から、書くことはできても、立って声に出して発表することは難しいだろうと私は思っていました。ただ、いつも下を向いてうなだれている彼が、教室の後ろでほめ言葉を言う友達の声に反応して、体を少し動かしたことを私は見逃しませんでした。教室に関わろうとする意欲を感じました。そこで私は、書いたものを隣の席の女の子に読んでもらうことで、初めての「ほめ言葉のシャワー」に参加してもらおうと考えました。そのように隣の子に促すと、彼女は「読んでいい？」と優しく男の子に声をかけると、男の子は小さくうなずき、彼女はノートを読み上げてくれました。
　私は「やられた」と思いました。自分の想像を超えた女の子の優しい振る舞いに、一人ひとりの子どものもつ可能性に感動しました。
　変容を重視した授業観の中でこそ、子どもたちは成長していくのです。

ここがポイント
①「知識重視」の授業観から「変容重視」の授業観へと転換しよう。
②一人ひとりの子どものもつ可能性を信じよう。

3 対話・話し合いの授業、アクティブ・ラーニング

Q26 アクティブ・ラーニングを教室で進めるポイントは、どんなことですか？

A セミナーや講演会、書籍の中で、機会あるごとにご提案させていただいている「菊池省三が考える『授業観』試案」を75ページに掲載いたしましたので、そちらをご覧ください。

「試案」の右上に団子の形で「C土台　⇄　B技術　⇄　A目的」という三段構造を示しました。

高い学力の子どもたちが集まった学校では、アクティブ・ラーニングの導入もすぐに可能なのかもしれませんが、多くの公立小学校の現状を考えたとき、いきなり「B技術」をもち込んだとしても到底成立しえないと予想します。「C土台」が不十分なまま、学級が成立していない状況のまま、「B技術」を導入することはできないのです。

さらに言えば、何のためにアクティブ・ラーニングを導入するのかという「A目的」をしっかり押さえなくては、意味がありません。

子ども同士の関係性を豊かにして、導入の目的を明確にした中で、アクティブ・ラーニングは成立し、意味のあるものとして機能するということを私は主張しているのです。

私自身は、これまでアクティブ・ラーニングと呼ばれている内容については、そのような名前で示されるずっと前から実践してきていますので、新しい学習指導要領に盛り込まれることが決まり、準備が進む状況を見て、「やっとこの時が来た」とうれしい気持ちでいます。

「アクティブ・ラーニング」は、「課題の発見と解決に向けた主体的・

協働的な学び」と説明されています。そして、その具体的な方法としての授業例や活動例が多くの書籍の中で紹介されています。改めて、私がここで紹介するまでもないと思います。

　ただ一方で、このまま進んで、今の学校・教室の状況を変えられるのかという心配が私の中にあるのも正直な気持ちです。
　私は、「授業の方法としての『術』」ではなく、「授業『観』」そのものが大事だと考えているのです。
　教室の中の子どもたちは、けっして同じではありません。教室を眺めてみると、本当にでこぼこでこぼこしています。私は、その学級の子どもたち全員の一人ひとりのよさが生きるように、学級の土台をしっかりとつくっていく必要性を考え、土台づくりから始めて年度末には一人ひとりが個性を存分に発揮できるまで成長させていくという戦略性をもって学級づくりを進めることを主張してきました。
　また、私は、学級の土台ができたらアクティブ・ラーニングの段階に進められるという考えをもっているのではなく、同時に進んでいくものだと考えています。学級の土台をつくりつつ、その段階にあった形でのアクティブ・ラーニングの手法を取れ入れていくことが大切だと思っているのです。そうした進め方をしていかないと、アクティブ・ラーニングは成功しづらいのではないかと考えています。
　人間同士の温かいつながりを大切にしていく、子どもたち一人ひとりの尊厳を絶対のものとして教師が子どもたちと向かい合う、一人も見捨てないという覚悟で子どもたちを最後まで成長させる、自立し個の確立した人間として社会に送り出す、という教師の深い思いが学級づくりの中にないままに、ただアクティブ・ラーニングという手法を取り入れたとしても、やはり手法の広まりに留まってしまうのではないかと危惧しています。

私の尊敬する京都造形芸術大学副学長の本間正人先生は、対談をしていただいた際に、「アクティブ・ラーニングという名の新しい演目のパッシブラーナー（passive learner＝受動的学習者）をつくるだけではないかと心配している」という言い方でお考えを表明されていました。

　また、文部科学省大臣補佐官の鈴木寛先生は、同じく対談させていただいたときに次のようにおっしゃられました。

> 　スキルを身に付けることを目的としてアクティブ・ラーニングを導入するのではなく、アクティブ・ラーナーとして成長させるための授業観、価値観、人間観が問われるのです。その意味で、現在、授業観、価値観、人間観の変容なき中で起こっているアクティブ・ラーニング・バブルは気になります。先生方には、アクティブ・ラーニングをアクティブに取捨選択してほしいのです。
> 　　　　　　　　　　　（菊池道場機関誌「白熱する教室　第３号所収」）

　こうした方々のアクティブ・ラーニングに関する基本的な考え方を十分ご理解いただき、各学校で導入する際には、「手法が成り立つ学級づくり」という視点を大切になさっていただきたいと願います。

ここがポイント
①学級が成立していない状況のまま技術を導入することはできない。
②アクティブ・ラーニングを導入するのではなく、アクティブ・ラーナーとして成長させるための授業観、価値観、人間観が問われる。

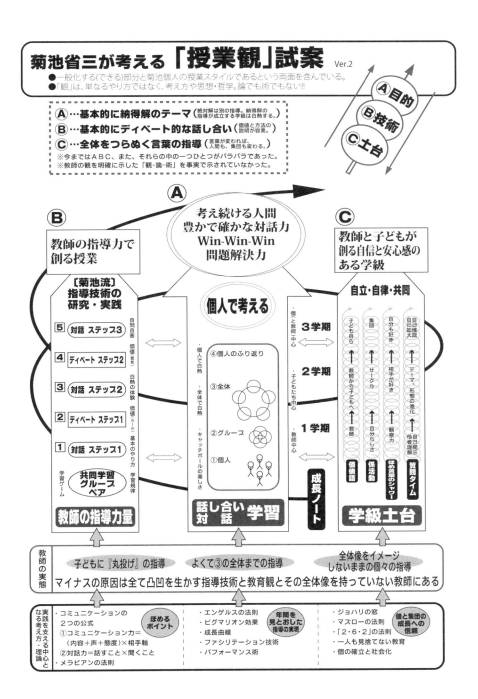

白熱する教室をつくるQ&A55

4 日常の指導

4 日常の指導

Q27 菊池先生が担任をされていたときの、一日の流れや放課後の仕事の順序、決められて毎日されていたことなど菊池先生の一日を教えてください。

A 多くの先生もされていることだとは思いますが、通勤電車の中で、一日の学校での骨格を整理していました。一日の骨格や一時間ごとの骨格です。私の学校での一日の取り組みは、「コミュニケーション力あふれる『菊池学級』のつくり方」（中村堂）の中で紹介いたしました。

- 朝の指導
    教室前の関所、朝の黒板メッセージ、質問タイム、ミニ授業
- 対話のあふれる授業
    ペア学習、グループ学習、ディベート、自由対話
- 書き合う・読み合う指導
    成長ノート、読書、辞書引き
- 帰りの指導
    ほめ言葉のシャワー
- 日常指導
    ミニ学級会、個と全体をつなげる指導、席替え指導、教室にあふれさせたい言葉・教室からなくしたい言葉
- 教室環境
    学級目標、自画像画、成長年表、価値語モデルのシャワー、係活動

この中で、価値ある1日をスタートさせ、温かい人間関係を築く時間

として「朝の指導」を大切にしていました。1日のスタートから友達とのつながりを大切にした活動を行うのです。学級の土台となる温かい人間関係を築くコミュニケーション力を育てます。

眠そうな顔つきで登校してきた子どもたちと、その状態のままで授業を始めても、楽しい授業は成立しません。ましてや、友達同士の関わりを重視するコミュニケーションを大切にした授業は成立しません。

朝の時間は、10分から20分程度の短い時間ですが、工夫次第でいくらでもおもしろく、子どもたちの力になる活動を用意できます。その中で子どもたちの興味も高く、効果があるものとして、教室前の関所、朝の黒板メッセージ、質問タイム、ミニ授業を取り入れていったのです。

毎朝の短い時間ですが、教師が「言葉を大切にしている」ということを子どもたちに伝え続けることが大切です。

もともと、そんなに細かな性格ではありませんし、私は、「1日1個の新発見をする」というめあてをもっていて、一日の早い時間に「新発見」をすると、気分的には一日が終わったくらいの感じになっていました。教師の多忙が言われていますが、このくらいの考え方でいた方が肩の力も抜けて負担感がぐんと少なくなると思います。

私は基本的に定時で学校を出るということを信条としていました。学校の仕事は持って帰らない、家で仕事はしない、と決めていました。「そんなことは私の学校ではとても無理」と多くの方は言われますが、私も仕事がなくて暇だったから定時に帰っていたわけではありません。定時に帰ることを決めていたので、逆算して仕事をどのように終えるかを考え、実行していたのです。

家に帰ってからは、意識的に少し広い視野に立ったクリエイティブな仕事をしようと、時間を使っていました。

ここがポイント
①通勤時間に、一日の学校での骨格を整理しよう。
②朝の時間を効果的に使おう。

4 日常の指導

Q28　「できない」「したくない」と意欲の低い子にやる気を出させることの難しさを感じています。アドバイスをお願いします。

A　生徒指導の原則は、「周りが変わればその子も変わる」ということです。

やる気のない子に対して、「やる気を出して頑張れ」と、いくら叱咤激励をしても意味はありません。逆に閉じこもってますます学びから遠ざかっていきます。

そこで大切なことは、絶対にこの子も喜んで学ぶ子どもに成長すると信じること、そして、その子の1年後のゴールイメージを教師がもつことです。

私が20代の終わり頃に担任した教え子の吉崎エイジーニョ君が、「学級崩壊　立て直し請負人　菊池省三、最後の教室」（新潮社）という本をまとめてくれました。その中に書かれた堀之内孝太君（仮名）の成長の物語は、周りの変化に伴いその子も変わっていった事実としての証明にほかなりません。

「周りが変わればその子も変わる」ということは、「周りが変わらなければその子は変われない」ということでもあります。

ビジネスの世界で言われる「2：6：2」の集団の法則は、そのまま教室でも当てはまります。新年度スタート時点では、だいたい、優秀な子どもたちが2割、中間的な子どもたちが6割、下位の子が2割存在します。最初に、中間の6割の子どもたちを上にあげ、全体を「8：2」の集団にします。すると、下の2割の子どもに対し、教師も寄り添った指導ができ、同時に高まった集団の変化によって下位に位置する子どもたちを成長の方向へと導くことができるようになるのです。

私がこれまで訪ねた多くの学校や教室は、「硬くて遅い」と感じられました。

　私が教室に伺っている間にも、授業についていけず、あるいは興味をもてず、机の下や教室の隅で寝転がっている子どもがいました。それでも、そのクラスの担任の先生は、ワークシートを使った授業を淡々と進められていました。戦後、全国で行われてきた知識伝達型の一斉授業の典型を見せられた気がしました。

　知識の伝達を目標とする「観」のもと行われる授業は、決められた内容を決められた手順で伝えていき、その後、それが身についているかどうかのテストを実施して、評価がすめば、個の成長についての振り返りがされることもなく次の学年に行き、次の学校へと進んでいくのです。

　子どもたちは「整う」ことを求められています。教室での姿勢の指導などが典型ですが、椅子の座り方、机との距離、ノートに置く手の角度など、細部まで指導されています。教室の中に、細かなルールがたくさんあり、自由に動いて学びたい子どもたちの意欲は刈り取られてしまうのです。

　一斉指導が通用する時代は終わりました。

　社会が求める人間像も、無思考で静かに指示に従う人間像から、創造的に思考ができ問題解決ができる人間像へと変わってきています。

　にも関わらず、学校はそれに対応できていないのです。

　一斉授業の中で子どもたちの価値観の交流がないと、結果、教室は硬直し動きがなくなって、遅くなってしまうのだろうと思います。

　こうした現状を打破して、柔らかく動きのある教室を創りたいと思っています。

ここがポイント
①生徒指導の原則は、「周りが変わればその子も変わる」。
②柔らかく動きのある教室を創ろう。

4 日常の指導

Q29 コミュニケーション力を高めたり、責任感をもたせるために効果があるゲームを教えてください。

A ぶっきらぼうな結論を先に言ってしまうと、どんなゲームでもいいのです。どんなゲームであっても、意味付け、価値付けをすることによって、コミュニケーション力の向上に役立つと考えられるからです。

「コミュニケーション力」の内容と定義について、もう少し大きく、かつ緩やかに考えていただくことが大切ではないかと思います。コミュニケーションというと、「大勢の中で一人ひとりが積極的に発言して…」というイメージをもたれているのではないでしょうか。

コミュニケーション力は、非言語の部分も含めたものですから、うなずいて聞くとか、笑顔で聞くというようなことも、すべてコミュニケーション力と言えます。

ゲームのもつ意義は、2点考えられます。

1．コミュニケーションゲームという勝ち負けのある遊びをすることで、子どもたちが自分の頭で真剣に考える活動の場をつくりだしていく。
2．自分の頭で真剣に考える活動の場をつくりだすために、ルールやそのやり方を工夫する。

日常生活の中では簡単に見聞きしたり、経験できにくかったりすることをゲームという場で体験させることによって、それらを通して知識や技能を自主的に発見し、身につけられるようにする力がゲームにはあります。

コミュニケーションゲームの具体的な内容については、すでに「『話

し合い力』を育てる　コミュニケーションゲーム62」（中村堂）という本を、ＮＰＯ法人グラスルーツの皆さんとまとめさせていただきました。すぐに役立つ62個のコミュニケーションゲームを紹介していますので、手にしていただけると幸いです。その中の一つを紹介します。

《お茶の間リアクション》
◆人数　４〜５人のグループ
◆遊び方
　①１か所だけセリフを空欄にした簡単なシナリオを知らせる。
　②空欄をグループで考える。
　③グループ内で役割を決めて練習する。
　④時間が来たら順番に発表する。
◆シナリオ例
『テストの点が悪くって…』
　母「お父さん、これ…」
　父「何だ！　この点数はっ！（怒）」
　母「どうしていきなりこんな点…」
　弟「弟として恥ずかしい」
　子ども「たっだいまーっ（何も知らないで帰ってくる）」
　父「何なんだ！　このテストの点数は！！」
　子ども「〇〇〇〇〇〇」

　このゲームは、ユーモアあふれる寸劇を演じることで、会話力に必要な度胸力を身につけさせます。また、相手が言ったことに、言葉だけではなく表情や体、声なども使って反応しようという意欲が育ちます。

ここがポイント
①コミュニケーション力は、非言語も含めたもの。
②日常生活の中では経験しにくいことをゲームの中で体験させよう。

4　日常の指導

Q30 子ども同士をつなぐ指導方法を教えてください。

A 　ご質問のとおり、子ども同士をつなぐことが教師の役割です。放っておいて、子ども同士が勝手につながることはありません。絶えずつなぐことの意識をもって、子どもと接する必要があります。

　日々のすべての教授行為はつなぐためにあるとの心構えで、1年間かけてつないであげたいものです。

　これまでも書きましたように、「ほめ言葉のシャワー」は、子ども同士をどのようにつないでいくかを考える中でつくり上げたものです。

　以前、子どもたちに「『ほめ言葉のシャワー』を行ってよかったこと」についてアンケートをとったことがあります。その結果、

　1位……自分に自信がついた
　2位……みんなと仲よくなった
　3位……コミュニケーション力が伸びた
　4位……観察力がついた
　5位……価値語をたくさん知った

　と、2位から4位の3項目は、友達との関係についてでした。「ほめ言葉のシャワー」によって、子どもたちは確実に変わっていきます。一人ひとりが明るい積極型の子どもへと成長していきながら、温かい絆の強い集団へと学級が高まっていくのです。

　係活動を通して、子ども同士をつないだ例を紹介します。

　その時のクラスの1学期には、係活動の中に、「ダンス係」はありませんでした。

２学期になって、ダンス教室に通っているある女の子から、「係活動でダンスをしたいので、ダンス係をつくっていいですか？」と言われました。私は、「自分がやりたいからではなくて、みんなと楽しみたいということならいいよ」と答えました。

　始めた当初は、子どもたちの関係性も弱く、ダンス係はブレークしませんでした。それでも、係の子たちはみんなとダンスが楽しめるようにと、一生懸命練習を続けていました、そんな２学期の最後の日、終業式を終えて私が学校の近くのコンビニエンスストアにいると、ダンス係の子ども３人が通りがかりました。子どもたちが「さようなら」と元気に挨拶をしましたので、私は、日頃、彼女たちが練習していたダンスを見よう見まねでして、挨拶の代わりにしました。

　その様子を見た彼女たちは、先生がダンス係を応援してくれていると安心したのでしょう。３学期になってからダンス係の活動は積極的になり、最後には二つあるダンス係の間で「ダンスバトル」が行われ、クラス全体でダンスを楽しめるようになりました。そのときの「ダンスバトル」の様子は、「動画で見る　菊池学級の子どもたち」（中村堂）に付属するＤＶＤの中に収められています。

　教師自身が慣れないダンスをするという自己開示によって、不安を抱いている子どもたちを応援し、関係性を強くしていく、こうしたチャンスは、日々の学校生活の中にたくさんあるはずです。

　ある時は、教師の方から謝るということが必要なこともあります。

　Ｍ（Mother＝母性）、Ｆ（Father＝父性）、Ｃ（Child＝子どもらしさ）の３つの役割を１年間の見通しの中で、子どもの心理的な変化をよく見ながら、年度当初は規律を教えるために父性を強く出すなど、教師としての役割を果たしていきましょう。

ここがポイント
①「ほめ言葉のシャワー」で、子ども同士をつなごう。
②日々の学校生活の中で子どもをつないでいこう。

4　日常の指導

Q31 特別な支援を必要とするお子さんと接する際に大切にされていることはどんなことですか？

A 　私自身は、特別な支援を必要とする子どもたちのクラスの担任をしたことがありません。
　通常学級の中にも、様々なお子さんがいるのが現状ですが、私は、そうしたお子さんが通常学級にいる場合は、基本的には「一緒」というスタンスで接してきました。
「集団が変わって個が変わる」「周りが変わればその子も変わる」という基本を信じて、1年間をかけて共に成長する毎日を過ごしました。
「この子がいるからダイナミックな動きのある教室を創ることができるし、子どもたちの内面の成長もより高いところまで行ける」という具体的なイメージを、教師がもてるかどうかが問われるのではないかと思います。
　ほかの子どもと比べて、「○○ができない」という相対評価をするのではなく、「○○ができるようになった」と、クラス全員でその子の極微の成長を喜び合う教室でありたいものです。
　私が5年生を担任していたとき、その教室には、前の年まで行動を落ち着かせるための薬を服用していたお子さんがいました。話すことや書くことが苦手で、話し合いの際には、自分の考えをイラストにまとめ上げて描いていました。その後の卒業文集に掲載した作品は、作文ではなくマンガでした。そのことを教師が認めてあげられるかどうかで、その子の未来は大きく変わってしまうのです。
　「文集なんだから、作文を書きなさい。なんでマンガなんか描いているの」という教師の声がどこかから聞こえてきそうです。平らに「整」え

ようとするのではなく、でこぼこを生かした「調」えることを目指す教室でありたいと思います。

卒業文集に収められたマンガ

ここがポイント

① 「周りが変わればその子も変わる」という基本を信じよう。
② でこぼこを生かした「調」えることを目指す教室を。

白熱する教室をつくるQ&A55

5 学級づくり

5 学級づくり

Q32 新年度に出会った子どもたちとは、どのように接することが必要ですか？

A Q54とも関連していますので、そちらも合わせてお読みください。

先日お伺いしたある学校で飛込授業をする前に、担任の先生から、

「クラスの座席表です」

と、一枚の紙を渡されました。

私は、1時間の飛込授業の中で、名前を覚えることはもちろんできません。「この〇〇さんは、特別な支援が必要な子で…」との情報を添えて渡されたとしても、そこまでの記憶力と注意力はありませんので、このような座席表をいただいても、ほとんど見ることをしません。

ただ、その時は別の興味でその座席表に目が留まりました。カタカナの名前が半分近くあったからです。様々な事情で外国にルーツがあるお子さんが集まっているとのことでしたが、日本の学校の近未来がそこにあるような気がしました。

私はよく「でこぼこがある教室」という言い方をします。私が最後に勤めた北九州の小学校は、帰国子女や外国人児童の受け入れのセンター校としての役割をもっていましたので、多くの外国人のお子さんが在籍していて、そうした状況には他の地域の先生たちよりは慣れていました。ただ、特に指定のない公立小学校でそうした座席表を見たのは衝撃でした。「教師が多様性をどのように受け容れられるか」という心理的側面と、日本語が通用しない子どもたちがいる教室でどのように授業を創っていくかという技術的側面の両方が、今後、教師の肩に重くのしかかっ

てくることは間違いないだろうと考えさせられたのです。

　こうした多様性を前提に、本書の中で繰り返し申し上げているとおり、子どもたちをつなぐ役割としての教師の仕事に覚悟をもって臨んでいただきたいと思います。「ほめる」という基本については、随分とお伝えしましたので、ここでは教師の動きについてお話しします。

　教壇のある場所から動かない教師では、多様性には対応しきれません。非言語の部分で、教師は子どもたちとコミュニケーションを取っていく必要があります。教室の中で、教師が緩急をつけた動きをすることが必要だと考えています。例えば、ジャンプしながら教壇に戻る、足早に戻る、ゆっくりと動きながら問いかける、などです。動きに変化をもたせることで、教師の喜びやうれしさといった気持ちを感じさせたり、考えてほしいことを伝えたりするのです。そして、これも「ほめる」ということでもあるのです。

　私の目指す授業と、従来の一斉指導型の授業との大きな違いの一つに、教師自身が教室の中をかなり動き回るということがあります。

　以前、私の１時間の授業を見られた先生が、撮影した動画を見ながら、教室の平面図に、私の動きの軌跡を、丹念に記録してくださったことがありました。それを見せていただいたことで、教室の中をぐるぐると動き回ることが分かりました。動画の中では、ときには速く、ときにはゆっくりと、緩急をつけながら移動していることも分かりました。

　また、その授業記録を動画で見た先生が、
「なんであの瞬間に菊池先生はジャンプをしたのですか？」
と尋ねられました。こうしたことは、新しい発見で自分自身が驚いたことです。こうして、私がつくろうとしている教室を、無意識に子どもたちに伝えているのでしょう。

ここがポイント
①教室の多様性を受け容れる覚悟をもとう。
②変化のある動きで、教師の喜びやうれしさを子どもに伝えよう。

5 学級づくり

Q33 新年度の学級のスタートの仕方について教えてください。

A 私は、荒れた学級、崩壊していた学級を、多く担任しました。以前は、4月の始業式と言えば、新しい学年になって晴れがましくスタートするというイメージでしたが、今日は、必ずしもそうではない風景に変化しています。「いじめ」を引きずっている子、周りの友達のことばかり気にしている子、新年度のスタートに、マイナスの空気が漂っていました。

私は、このような子どもたちにアンケートをとって、その結果を教室に掲示しました。

・1年後に言われたい言葉　　・1年後に言われたくない言葉

「1年後に言われたい言葉」では、「ありがとう」「成長したね」などのプラスの言葉がならびます。子どもたちは皆、よくなりたい、成長したいと、心の中では思っています。

私は、子どもたちに、

「過去はリセットしよう。1年後には大きく成長しよう」

と全力で話します。明るく元気に話します。子どもたちを変えることができるのは教師です。教師の感化のスタートであるこのタイミングは、勝負所です。教師の覚悟が問われるときです。同時に1年後のゴールイメージを教師自身がどのようにもっているかが、そのあとの様々な困難

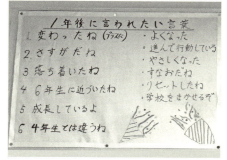

ある年の「1年後に言われたい言葉」

を乗り越えていくための重要な道標となっていきます。

　学級崩壊状態の子どもたちは、自信がなく、不安な毎日を過ごしています。ほめられたという経験がほとんどないという状態です。

　したがって、私は年度のスタートは、特に、徹底して子どもたちをほめます。些細なよいことを見つけてほめます。ほめることをとおして、何がよいことなのかという、基本となる規範を示し続けるのです。

・始業式で〇〇さんは、校長先生がお話を始めると、顔を上げて聞いていました。聞こうとする姿が素晴らしい。
・◎◎さんは、ノートに名前をとても美しく書いていました。名前を丁寧に書くことは、自分を大切にしている証拠です。
・●●さんは、6年生らしい立派な手の挙げ方をしています。中指が天井に突きささりそうです。やる気に満ちています。

　このようにほめ続けながら、クラスの子どもたち全員で拍手をして、称賛します。硬かった教室の空気が少しずつ柔らかくなっていきます。教師の「子どもたちを絶対成長させよう」との強い思いが、一人ひとりに対する励ましのほめ言葉を生んでいくのです。

　そして、「教師がほめる　→　ほめられたうれしさ　→　やる気を出し合う　→　ほめ合う関係」と、「ほめ合うサイクル」が教室の中にできてきます。「ほめ言葉のシャワー」を始めるタイミングです。

　日々、教室の中では予期せぬ出来事が起こります。その都度、その都度、教師が子どもと強い指導でぶつかっていたら、その子も周りの子どもたちも、学校に来ること自体が楽しくなくなってしまいます。

「喜んで登校　満足して下校」と、お伺いした鹿児島の小学校の校長室に大書されていました。その学校は、先生も子どもたちも明るく元気でした。こうしよう、こうなろうと、日々意識することが大切です。

ここがポイント
①「1年後に言われたい言葉」で子どもたちの心の中を見える化しよう。
②ほめることで、温かな「ほめ合うサイクル」を教室につくりだそう。

5　学級づくり

Q34 あいさつ、整理整頓、言葉遣いなどの基本的な指導について、待つことができず、押しつけるようになってしまいがちです。

A あいさつ、整理整頓、言葉遣いなど、どれも基本的な指導ではありますが、すぐにできるようになることではありません。繰り返し、繰り返しの取り組みの中でやっとできるようになる、手間のかかるものだという覚悟を最初にもっていただきたいと思います。

「押しつける」という言葉が象徴しているように、その場その場での、思いつきで、小言、文句、説教にようになってはいないでしょうか？

「どうしてできないの！」

「何度言ったら分かるの！」

「挨拶は?!」

といった感じです。時間がかかることなのに、このレベルでの指導はいくらしても効果がありません。

ある先生のご実践を先日、本で読みました。

教室の後ろに整列することを段階を踏んで指導をされるそうです。

「後ろに行きなさい」

「後ろに並びなさい」

「後ろに一列に並びなさい」

と段階的に指示を変えながら、その都度その都度、よかったところをほめながら、最終的には短時間で、机やいすも乱れていない状態で教室の後ろに整列できるまで指導を重ねられていました。

このように、具体的にさせてみて、ほめるという指導を見通しをもって、丁寧にすれば、子どもに伝わり、定着していきます。

そもそも、子どもは、一つのことをする目的やなぜそうするのかという意味を分かっていないのです。言葉が変われば仕草も変わるわけですから、その部分を丁寧に説明する必要があります。

　私は、挨拶の「おはようございます」のそもそもの意味や、それを踏まえての声の出し方など、子どもたちに丁寧に話していました。
　黒板に「おはようございます」と書きます。そして「何文字ですか?」とききます。9文字だと答える子どもたちに、特にはっきり発音しなければいけない文字はどれかをききます。子どもたちはいろいろ答えますが、正解は「は」であると伝えます。
　こうした指導と練習を通して、教室の中に元気な挨拶が響くようになるのです。

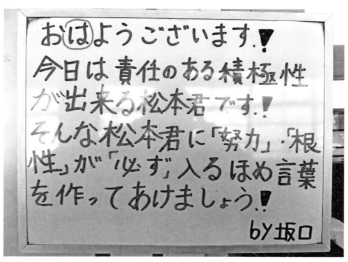

朝の関所のホワイトボードに書かれた「おはようございます」。「は」が○で囲まれている。

ここがポイント
①基本的な指導は、手間のかかるものだと覚悟しよう。
②行動の目的や意味を丁寧に教えよう。

5　学級づくり

Q35 個性を生かす、でこぼこを生かすといっても、個性が伸びていくとクラスがバラバラになってしまうのではないですか？

A 結論から先に申し上げますが、そのようなことはありません。こうした質問をいただくと、私は、
「バラバラになってしまっているとしたら、それは個性ではなく、野性と言うのです」
と冗談めかしてお答えしています。
「個性」の定義の問題かもしれません。集団社会の中で、一般性や常識を身につけた上で開花する個性を、私は「らしさの発揮」と呼んでいます。
そもそも「らしさを発揮できる集団」とはどんなところでしょうか？
2015年12月に出演させていただいた日本テレビ系列の「世界一受けたい授業」の中で、
「学級崩壊の原因は、自分に（　　　）がないから」
というクイズ形式で問題を出させていただきましたが、その問いに対する私の答えは、
「学級崩壊の原因は、自分に（自信）がないから」
です。
自信がないために、
「どうせできないから、自分は」
と、人の目を気にしてとる行動は、どこにもやり場のない、粗雑なものになってしまいます。
そもそも、個が育つためには、集団が育つ必要があります。いくら問題のある子を成長させようとしても、周りが成長していかないと、変容

は訪れません。それは、その子の問題行動の背景にはその子がいる集団があり、集団の状況の反映としてその子の行動はあるからです。

　私は、問題のある子を成長させるために、今が集団を変えるタイミングだと確信したとき、次のような指導をします。当人に対して言うのではなく、クラス全員に向かって言うのです。
「どうして君たちは、○○君がそうなるまで放っておいたんだ。○○君がこうなっているのは君たちが何もしないからじゃないか。友達を放っておくような学級なのか」
と。こうしたことを言えるのは、クラスのほぼ８割ぐらいの子どもたちの成長が確認できて、今ならこの言葉の意味を正しく理解できるだろうというタイミングです。４月の学期がスタートしたばかりにこんなことを言ったら、言われた子どもたちは
「なんで、○○君のことで私たちが叱られなきゃならないの」
と余計に集団がバラバラになってしまいます。
　こうした指導のあと、少しずつ○○君の周りに友達の輪ができてきます。

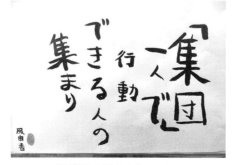
価値語モデルのシャワー

ここがポイント
①「らしさを発揮できる」のは、安心の集団。
②問題のある子を成長させるために、集団を変えるタイミングをつかもう。

5　学級づくり

Q36 教室で特定の子どもによって授業を邪魔されています。どのような対応をしたらよいでしょうか？

A こうした状況が全国の多くの教室で起こっているように思います。各学校では、対応に苦慮されていらっしゃることと思います。そうしたお子さんがいる教室では、支援員のような立場の人を配置したり、空き時間の先生や管理職の先生が順番で入ったりして、基本的には授業中にその子が動きださないように、ずっとそばにいる場面を見かけます。

ただ、こうした対症療法的な対応は、限界があります。うまくいって何とかその子を抑え込むことができるか、あるいは、それを振り切って子どもが飛び出してしまい先生がそのあとを追いかけるということの繰り返しではないでしょうか？

厳しい言い方になりますが、教師は「自分の授業がつまらないからこうなっている」という視点で、自己内責任として考え直す必要があると思っています。誰もがもっている学ぶ意欲、成長の意欲に寄り添って、その子のよさを引き出すのが教師の仕事なのですから。

教師がそうした子どもに対する統率型の抑え込もうとする指導に子どもは反発します。「～～しなさい！」という指導の声が虚しく教室に響くだけで、事態は何も変わりません。いや、悪くなっていってしまうでしょう。先生のそうした怒る声をいつも聞かされているほかの子どもたちも、だんだんと学ぶ意欲を失っていってしまうからです。崩壊へとつながっていくこともあります。

普通教室にいる限りにおいて、私は、特別な扱いはしませんでした。特定の子と教師が対立した関係になると、それは「１対１」ではなく、

周りの子どもも感化されて教師と対立するようになってしまい、「多対1」で、教師が子ども全員と対立してしまう構図になってしまうのです。

この状態を「1対多」の状態へと転換することが重要です。「1対多」といっても、一人と残り全員が対立するのでなく、周りの子どもたちも巻き込んでその子の成長に向かって一緒に進んでいく構図をつくるのです。抑え込むのではなく、あなたのそういう気持ちは分かるけれど、その行為はだめだということを伝えるようにします。それも教師ではなくも周りの子どもたちに言わせるようにするのです。一人が変わっていくためには、周りが変わっていく必要があります。集団が変われば個が変わるのです。

「ドキュメンタリー映画 挑む」に収録されているある場面で、「成長のきっかけは何だったか？」という質問に対し元山美莉亜さんという女の子が次のように語っています。

> 元山：（菊池）先生はいい意味で周りを巻き込んで怒るんですよね。その、どう悪かったっていうのを、他の人からも聞かせてくれるんですけど、そういうので自分は、あ、こう思われてたんだっていうことに気付けて、こういうのが悪かったんだっていうのに気付けたんですよね。それで、今考えたらちょっと悪い考えなのかもしれないんですけど、それで成長できたっていうのが、周りが変われば自分も変われるんだって思ったんですよね。

「授業を邪魔するのは、自分の授業がつまらないからだ」と、自己内の責任として教師が考えて解決に向けてアクションを起こさないと、こうした状況を根本から変えることはできません。

ここがポイント
①対症療法的な対応をいくらしても解決はしない。
②「集団が変われば個が変わる」という変化を教室に創り出そう。

5 学級づくり

Q37 年度の途中で学級が崩壊した場合の処方箋を教えてください。

A 崩壊した教室で日々ご苦労されている先生方のことを思うと、本当に心が痛みます。
　一度、教師自身が気持ちをリセットして、様々なことの修復に取り組んでいただく以外にないと思います。具体的に教室で起こっている出来事は様々でしょうから、基本的、一般的にならざるをえませんが、何点かお答えします。

　まず、子どもを信じるということです。教室のすべての子は、大人になったら自分よりも、ずっと立派な人になる、今の状態のままでいるはずはなく、絶対に成長の道を歩み始める、と信じることです。
「ピグマリオン効果」という言葉があります。「教師の期待によって学習者の成績が向上する」という意味で一般的に使われています。私なりの言葉に置き換えると、「一人ひとりの子どもの可能性を信じる」となります。
　その上で、教師が子どもを一人も見捨てないと覚悟をもつことです。「早く進級してくれれば…」という気持ちでは、当然ですが何も解決しません。
　もう一つは、絶対ハッピーエンドで終わると信じることです。騒動の最中は大変ですが、逆に言えば、そんなに思い悩むほどのことではないと気持ちを切り換えて、子どもたちと向かい合いたいものです。
　私自身も、学校がつらい、行きたくないと何度も思ったことがあります。その気持ちがピークになったときは、今だから言えますが、朝学校

に電話をして年休を取り、新幹線に乗って大阪まで行き、吉本興業の舞台を一日中観て気持ちを切り替えていました。

　問題のある子は、宝物のような存在です。それまでの自分の経験や教育観を覆してくれるからです。教師としての成長のチャンスを与えてくれる存在です。けっしてひるまないと決めて挑戦していただきたいと思います。絶対的に正しい教育技術はありませんから、教師の「自分が変わろう、自分が教室を子どもたちを変えよう」との深い決意が崩壊を立て直す第一歩だと重ねて申し上げたいのです。

　その上で、事態を打開するためには、一点突破の姿勢で臨むことをおすすめします。

・拍手

　「強く、細かく、元気よく」の拍手で明るく元気な教室を取り戻しましょう。

・紙上討論

　どんな状況の中でも、必ず「楽しく勉強ができるクラスになってほしい」と思っているお子さんはいます。そうした正義の声を拾い上げ、小さな声を少しずつ大きくして、学級の空気を変えていくのです。

　先に紹介した「世界一受けたい授業」に出演した際、スタジオの教室に登場する際、「元気よく降りてください。声を張ってしゃべってください」とディレクターさんからアドバイスをいただきました。

　教室も同じです。教室へ入るときが勝負です。

「ハイ！　拍手！」

　と、朝元気よく教室に入りましょう。拍手がパラパラとしか鳴らなくても、ひるまず続けていくのです。硬くて遅い教室の空気を変えるきっかけを創ることができるのは、教師だけなのですから。

ここがポイント

①子どもを信じることから始めよう。
②事態を打開するために、一点突破でひるまず進もう。

5　学級づくり

Q38 子どもたちにとって楽しい環境をつくってあげたいと思うものの、けじめのない状況になってしまいがちです。

A 「楽しい環境」という言葉の中にどのようなイメージをもたれているのでしょうか？
「ドキュメンタリー映画　挑む」の中で、菊池学級の一人の女の子が、インタビューに答えて次のように言いました。

> どっちかというと、４年生のときの「２：６：２」の下の方の楽しさより、私は、多分「２：６：２」の上の方のルールをきちっと守った楽しさでいて、この最後の楽しいっていう気持ちが味わえてよかったなと思います。

彼女は、４年生までは問題の多い子の集団の中で荒れた行動をしていました。５・６年と私が担任をする中で、自身の中にある賢明さやリーダーシップを発揮して、大きく成長しました。それを振り返ったときの言葉です。彼女の言葉の中に、答えは言い尽くされているようにも思います。

厳しい言い方になってしまいますが、けじめのない状況は子どもがつくっているのではなく、教師自身がつくってしまっていると考える必要があります。ルールのない楽しい環境はあり得ないからです。

私は、１年間の見通しの中で子どもの成長を考えます。言葉で人間を育てるのが基本です。その中で、価値語をいつ、どのように子どもたちに伝えていくかを絶えず考えています。

菊池道場のメンバーが価値語を指導していく年間の見通しとして、次のようなまとめをしてくれました。

　M（Mother＝母性）、F（Father＝父性）、C（Child＝子どもらしさ）を各学期にどのように伝えるか
　1学期　学級土台作り期　M：F：C＝3：5：2
　　　　教師主導
　2学期　学級成長期　　　M：F：C＝4：3：3
　　　　児童主体
　3学期　学級成熟期　　　M：F：C⇒自分でバランスをとる
　　　　児童主体（価値の拡大・継承、場の拡大）

　1学期は、学級土台作り期として、教師主導で父性をやや強く打ち出していきます。つまり、規律を重視する時期であり、左のインタビューにある「ルール」を教える時期にあたります。
　2学期は、学級成長期として、児童が主体になって、温かな集団づくりを進めます。
　そして、3学期に、学級成熟期として、児童が主体ですが、集団から再び個に帰ることをしながら、成長のゴールに向かって進みます。
　以上のような年間の見通しをもって、急ぎすぎないように注意しながら、学級づくりを丁寧に積み重ねていくことが大切です。教師のメリハリを子どもたちに感化していきましょう。
　ディベートや話し合いなどの言葉で人間を育てようとしても、確かなゴールイメージに基づいて活動を行わないと、心や言葉が伴わないものに終わってしまいます。教師の覚悟が必要です。

ここがポイント
①ルールをきちっと守ったうえでの楽しさを伝えよう。
②教師のメリハリを子どもたちに感化しよう。

5　学級づくり

Q39 子どもが変わっていこうとするときに、教師はどのように関わっていけばよいのでしょうか？

A 私は、2012年7月16日に、NHKの「プロフェッショナル　仕事の流儀」に出演させていただきました。
その番組で、「啐啄（そったく）」という言葉を使って、私の子どもとの関係づくりの一端を紹介していただきました。

【啐啄】「啐」とは、ひな鳥が卵の内側から殻を破ろうとする音。「啄」とは、親鳥が外側から卵をたたく音。両者のタイミングがあって卵はかえる。
菊池にはディベートを通して成長させたい児童がいた。井上勢渚君。（中略）井上君は普段から活発でクラスでも目立つ存在だ。だが、負けず嫌いな性格で、友達に対して威圧的になってしまう一面があることを自分でも気にしている。

◎『成長ノート』から

　４年生の時、親分で、周りはみんな手下のようでした。５年生の時、先生からあなたの周りは本当の友達かね？　と言われ、涙が出ました。

井上君が今、目指しているのはクラスメイトと本当の仲間になることだ。菊池は井上君に他人を思いやる気持ちを学んでほしいと考えていた。

（「プロフェッショナル　仕事の流儀」から）

ディベートの中で、井上君は質問をする役目ではないのに、声を荒げて問い返すというルール違反をしてしまいました。私は、このタイミン

グで成長の手助けとなるよう、背中を押してあげたいと考えました。
　そして、帰りの会の中で、井上君のことを取り上げ、「(井上君は、自分を変えようと)今、一生懸命直して、大きく大きく成長しようとしています」と、クラスの子どもたちに呼びかけました。
　そのとき私は、本人が素直に頑張ろうとしていることをみんなにも認めさせたいと考えていました。ディベートでルール違反をして声を荒げてしまったシーンは、彼の今後の成長のきっかけになる局面だと判断し、周りの子どもたちに、そのことを価値付けして伝えたかったのです。
　変わろうとしている子どもがそこにいるとき、周りが変わらないと、その子も本当の意味では変われないのです。周りに価値付けて伝えることで周りも変わっていくように促すことが重要です。
　子どもは集団の中で、「友達は自分のことをどう思っているだろう」と不安な気持ちでいっぱいです。教師はつなぐ役割の存在なのですから、本人と周りを価値付けてつなげてあげるのです。
　上のような追い込まれたピンチの状態が、成長のチャンスです。強い学び手になるんだ、ということを常々伝えておいて、それに相応しいタイミングを捉え、今こそ変わるチャンスだよと背中を押し、周りの環境もつくってあげるのです。
「質問タイム」も「ほめ言葉のシャワー」も、強い学び手になっていくための象徴的な取り組みだと言えるでしょう。即興の連続の中で、個の確立を目指して変わっていくことを、日々要求しているようなものです。
　私の学級の子どもたちは、教員が参加するセミナーにも参加していました。それらも成長しようとしている子どもたちの背中を押してあげたことの一つだったと思います。待つだけはなく、大きく成長するタイミングを見逃さないようにしましょう。

ここがポイント
①成長しようとする子どもと周りの子どもたちを価値付けてつなげよう。
②大きく成長するタイミングを見逃さないようにしよう。

5　学級づくり

Q40 菊池先生の指導方法が教室に浸透していく中で、なかなかその流れに乗れない児童がいることはありませんでしたか？

A 　私の学級づくりの核として、ディベートに取り組んでいることはすでに何度か触れました。ディベートを軸とした1年間の取り組みの概略やルールについて、これまで紹介してきました。
　ここでは、ディベートをすることによって身につけさせたい価値観について整理します。

---

①「WIN ― WIN ― WIN」の関係　　②人と意見を区別する
③見学者ではなく参加者になる　　　④話し合うことは楽しいこと
⑤一人ひとりの責任

---

①ディベートを通して、構成する三者（肯定側・否定側・審判）が納得し、学級での学びはみんなで成長することという基本的な価値観を育てます。

②ディベートを通して、「意見が正しいかどうか」で判断するという経験を積むことで、人と意見を区別するようになります。

③ディベートでは、全員が何らかの役割を担います。そうすることで「見学者」ではなく、責任ある「参加者」となります。

④ディベートは勝敗が伴いますので、子どもたちは活発に取り組み、勝ったときにはうれしくて泣き、負けたときには悔しくて泣きます。話し合うことが楽しいと思えることで、コミュニケーション力の向上につながります。

⑤ディベートはチームで行います。一人ひとりが役割を担います。一人でも無責任な人がいるとチームが成立しません。子どもに、責任感を身につけさせることができ、生きる力を育むことにつながります。

このように、ディベートは全員に等しく機会が与えられ、強い学び手になる立場に立たせるための仕組みがあります。「ほめ言葉のシャワー」も「質問タイム」も、その観点では同じことが言えます。これらの手法を核として私が取り組んできたのは、そこに「一人も見捨てない」という原理があるからです。

話は少し変わりますが、こうした質問をいただいたときに、私には気になることがあります。それは教室の中で起こる子どもたちの気になる会話と、根底の部分は同じです。

A「低学年の子と仲良く遊んだらいいと思います」
B「もし、低学年が言うことを聞かなかったらどうするのですか？」

気になるのは、「もし～だったら…」という質問です。

それは、「もし～だったら、どうしますか？」という質問は、「～」の部分が、ほとんどの場合「マイナス」の内容であるからです。つまり、何かをしたとしても、失敗したら、思い通りにいかなかったら、という「マイナス」の場合を想定している質問だからです。

今回のご質問がこれと全く同じだとは言いませんが、
菊池「豊かな対話のある教室をつくろうと思います」
質問「もし、その流れに乗れない児童がいたらどうするのですか？」

私は、豊かな対話のある教室をつくると覚悟を定め、1年間の見通しをもって取り組みました。「流れに乗れない子を出さないように」という強い気持ちで「流れに乗れない子がいないように」しているのです。困難な時代になっている今日こそ、教師の覚悟が問われているのです。

ここがポイント
①ディベートなどのもつ価値観を再確認しよう。
②「流れに乗れない子を出さないように」との強い覚悟をもとう。

白熱する教室をつくるQ&A55

6 低学年、中学校、小規模校などでの指導

6 低学年、中学校、小規模校などでの指導

Q41 低学年のクラスの指導のポイントを教えてください。

A 「低学年の実践をどのようにすればいいか」というご質問には、「低学年で、価値語とか『ほめ言葉のシャワー』といってもできないだろう」という思いがあるのではないだろうかと予想します。

そんなことはありません。大切なのは教師の覚悟で、1年生と6年生では、できることの多少の違いは量的、深度的にあることは当然ですが、同じように無限の可能性をもっていることは間違いありません。

私は、基本的には、「訓練された低学年は、高学年を超える」と考えています。どうぞ、「1年生だから…」という固定観念を打ち破って、1年生らしさあふれるコミュニケーション力豊かな子どもたちへと成長させていただきたいと思います。

SNS上には、「ほめ言葉のシャワー」のグループや、菊池道場の各支部のページがあり、日々、全国の菊池道場メンバーの先生方をはじめとする方々のご実践が投稿されています。菊池道場の機関誌「今の教室を創る 菊池道場機関誌『白熱する教室』」の中にも、多くの低学年(幼稚園、保育園編もあります)のご実践が紹介されていますので参考にしてください。

★ Facebook「ほめ言葉のシャワー」グループ
　https://www.facebook.com/groups/383837151666139/

ここでは、菊池道場栃木支部が主催したセミナー(2017年1月14日開催)でメンバーの渡邉結花先生が報告された内容を要約して紹介します。

「自分らしさ」を発揮するために　～１年生が創り出す空気～
菊池道場栃木支部　渡邉結花

　教員５年めの私は、一昨年５年生、昨年６年生を担任しました。そして、今年は１年生を担任しています。

　高学年の子どもたちを担任する中で、自己肯定感の高い子と、そうでない子との差の大きさにとても驚きました。今年１年生を担任する中で、低学年の段階で「自分らしさ」を知ることができれば、その後も、より高く、より深い自己肯定感をもつ子どもへと成長していけるのではないかと考えました。

　しかし、低学年へのそうした指導に対して、「１年生には言葉が通じない」「１年生は自己中心的だから…」「そもそも、そんなことをする時間がない」という意見もあるように感じました。

　私は、１年生であっても、一人ひとりが「自分らしさ」を発揮して、自分に自信をもてる子どもに成長させられるはずだと信じていました。

　菊池実践に出会った私は、まず、成長につながるための言葉である価値語を子どもたちに伝えていこうと決めました。そして、その方法として、子どもたちの価値ある行動を写真に撮って、価値語とともに掲示する「価値語モデルのシャワー」を始めました。１年生でも分かりやすいようにと、「おてほんコーナー」という名前で数々の写真を掲示していきました。

　子どもの言葉の吸収力は、私の想像以上でした。掲示された「価値語」を使って、「○○君が成長したよ！」と報告してくれる子が多くなってきました。

おてほんコーナー

続いて、「ほめ言葉のシャワー」に取り組みました。「１日の『主役』の子を決め、その子のよさを『みんな』で伝え合う活動」です。
　子どもたちには、少し難しいかなとは思いましたが、「ほめ言葉のシャワー」の基本として４つのポイントを、「スーパーなほめ方」として遠慮せずに伝えました。

【４つのポイント】
①正対する。
②「事実＋価値付け」でほめる。
③数字や会話文など、具体的な内容でほめる。
④ほめられた人は、心に残ったほめ言葉とお礼のスピーチをする。

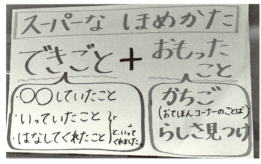
スーパーなほめ方

　低学年では難しいのではないかという意見もありましたが、子どもたちは楽しく、そして元気よく、「ほめ言葉のシャワー」に取り組んでいました。そして、友達のよいところをみつけようとする中で、観察力をつけていきました。また、この活動をとおして、自分や友達のよさに気づき、「自分らしさ」を少しずつ発揮しました。さらに、子ども同士の関わりが豊かになり、さらに自分のよさを知っていったように感じられました。「ほめ言葉のシャワー」のあと、うれしくてハグし合うような場面も生まれました。
　係活動にも挑戦しました。係活動は、クラスのみんなのために自分らしさを発揮できる場で、人のために働くということで、公(おおやけ)社会を、１年生ながらに感じることができます。子どもたちもノリノリで、「むちゃぶりがかり」や「せいちょうがかり」ができました。右のページの左の写真は、係のポスターと活動の様子が分かる教室の後ろの様子です。右の写真は、活動の中で子どもたちがつくり上げた「やさしさの木」で

す。友達から友達へのほめ言葉で、花が満開になりました。

係活動のポスター

1年4組のやさしさの木

　私は、こうした実践をとおして、1年生だからこそ、広く、深く、速く、自由な成長を見ることができることを実感しています。価値語で根を張り、「ほめ言葉のシャワー」で茎や葉を伸ばし、係活動で大輪の花を咲かせられたと思います。

　大切なのは、教師自身の熱意です。1年生も、6年生も、子どもの可能性は無限大であることを確信して、子どもとともに成長していきます。

ここがポイント
①訓練された低学年は、高学年を超える。
②子どもの可能性は無限大であることを教師が確信しよう。

6　低学年、中学校、小規模校などでの指導

Q42 低学年の指導の工夫点がありましたら、もう少し教えてください。

A 　Q41に続いて、菊池道場メンバーの実践の中から、低学年の指導の工夫点を紹介します。
　低学年も高学年も基本的な部分での違いはないと私は考えていますが、低学年ならではの工夫をすることで、子どもたちがもっと成長の速度を速めたり、より高い成長に向かって行ったりするということは当然あります。
　高学年では、係活動を会社活動とすることで子どもたちの意欲をグンと高めることができます。単純に「○○係」とするよりも、子どもたちが憧れるプロとか名人とか達人とかをイメージして、人を喜ばせることをミッションとした「会社」と呼ぶことで、活動の向こうに「公社会」を感じ、責任ある立場で活動ができるからでしょう。
　低学年では「会社」をイメージしづらいと考えた菊池道場愛知支部のメンバーは、１年生の「係活動」を「お店屋さん活動」とすることで、子どもたちの興味・関心をさらに身近なものに引き寄せました。
　大阪支部のある先生は、低学年での係活動を成功させるために、１学期の段階で、係活動をする際の「話し方の型」を丁寧にご指導されました。

・今から○○係を始めます。
・できたら手をあげましょう。
・しずかに聞きましょう。
・これで○○係を終わります。

・用意は、いいですか？
・前に来てすわってください。

　こうした型をお手本として話していくうちに、子どもたちは型を書いた掲示物を見なくても話せるようになり、それ以外の内容の言葉もどんどん使えるようになっていったということです。そして最後には、子どもたちだけで活動できるようになっていくのです。

　また、低学年に価値語を伝える場合も、抽象的、概念的なものは理解が十分にはできませんので、
・○○力　　　・○○名人　　　・○○ヒーロー
　とすることで、菊池道場広島支部のメンバーは、低学年に響く価値語を次々と誕生させています。
　また、この段階での伝えやすさの方法の一つとして何かにたとえる方法は効果的です。子どもをほめるときに、
「ひまわりのような○○さん。いつも、元気ですね」
「新幹線のように速い○○君」
　とすると、ほめられている内容がストレートに伝わります。
　このように、発達段階に応じたネーミングは、成長を大きく左右するものになります。「低学年だから難しい」と考えて実践を止めてしまうのではなく、それぞれの先生が、それぞれの子どもたちに寄り添う中で、工夫をしていただきたいと思います。方法は、教室によって違います。それは、目の前の子どもたちが違うからです。子どもに本気で寄り添う中で、実践のヒントは生まれてくるものです。

ここがポイント
①低学年ならではの工夫を、他の先生の実践に学ぼう。
②寄り添う中で、目の前の子どもたちにマッチする方法を生み出そう。

6 低学年、中学校、小規模校などでの指導

Q43 中学校で「調える」への転換の切り口など、中学校でできることは、どんなことでしょうか？

A 現在、全校で「ほめ言葉のシャワー」に取り組まれている中学校が、何校かあります。導入のきっかけをお聞きすると次のような答えをいただきました。

・自己中心的。
・友人間のトラブルが多い。
・生徒たちの自己肯定感が低い。
・挨拶はできても、日常の言葉が乱れている。
・友達同士とコミュニケーションを取ることができない。
・教師の指導力を高めたい。

中学校では、小学校以上に「整える」指導が行われているのかもしれません。原理は同じですから、より個性的になっていく中学生の一人ひとりのよさを生かした「調える」指導を大切にするという王道を歩んでいただきたいと思います。そして、その基本は、やはり「ほめる」ということです。

教科担任制の中学校では、小学校のように担任の先生が、一日中ずっと子どもたちと居られませんから、「ほめ言葉のシャワー」をするとしても、いろいろな工夫が必要になってくることと思います。

ある中学校では、道徳、学活、総合的な学習の時間の開始10分程度の時間に「ほめ言葉のシャワー」を実施しています。実態としては、1週間で1〜2回の実施になるそうです。したがって、1年間でできるのは一人1回になります。1回の時間をなるべく短縮するために、ほめる内容を事前に付箋に書いていました。

こうした取り組みを進めると、教室は確実に温かくなっていきます。この学校で、子どもたちの「ほめ言葉のシャワー」に取り組んでの感想を聞きました。
・日頃からよいところを探すので、友達関係がよくなってきました。
・ほめることもほめられることも、悪い気はしません。悪いところはすぐに分かりますが、知らない子をほめるためには、よく見ないと分からないので見る力がついてきました。
・ほめるときには相手のよいところを見つけようとするので、自分が変わります。
・仲のよい友達でも、普段はなかなか伝えられないことを「ほめ言葉のシャワー」は、伝えられる場所です。
　どれも、「ほめ言葉のシャワー」を楽しんでいながら、本質に迫る素直なよい感想です。
　2016年度、教育スーパーアドバイザーとしてお世話になっている大分県中津市のある中学校の校長先生は、荒れていると地域で言われている学校に着任されてから、全力で温かい学校づくりに取り組まれています。生徒全員と個人面談をして、一人ひとりの子どもたちをよく知ることなど、地道な活動をされています。その中で感じられたこととして、
「（荒れた学校と言われていても）一人ひとりと話をしたら、みんないい子たちばかりです」
　とおっしゃられました。私はこのことが教育の真理であり、だからこそ、教師が一人ひとりをほめながら、子ども同士の関係性を豊かにしていくことで、子どもの心を開いていくことが、教育の王道だと確信しているのです。「多感な年代だから」と、まとまらないことの言い訳を求めてはいけないと思うのです。

ここがポイント
①小学校も中学校も同じ。
②一人ひとりをほめながら、子ども同士の関係性を豊かにしよう。

6 低学年、中学校、小規模校などでの指導

Q44 中学校での指導の工夫点がありましたら、もう少し教えてください。

A Q43とは少し異なる視点で、中学校におけるコミュニケーション教育について考えてみます。

中学校の教室にお邪魔した際に、子どもたちの机がどのように配置されているかがとても気になります。

一つひとつの机が完全に離れている教室と、多くの小学校で見られるように2つがペアになってくっついている教室があります。中学生ともなれば、男女を意識する多感な時期であることは当然ですが、コミュニケーション教育をして、友達との豊かな関係性をつくっていこうとするときに、日常的な話し合いのしやすさの点からも、友達に寄り添い合うという点からも、私は、机をくっつけてあげたいなと思います。

先日東北地方のある中学校にお伺いしましたが、そこの教室では、机がペアになっていました。教室の雰囲気もとても落ち着いていました。関係性の豊かな教室は、中学生でもある意味子どもらしく、温かな空気になると確信しました。

中学校で授業をさせていただくときも、私は自分らしく、小学校の教室でやっていたことを同じようにしています。
「そんな方法で、今どきの中学生に通用するの？」
という声が聞こえてきそうですが、小学生も中学生も同じです。

中学生には、「部活動命」のような男の子が必ず教室にいます。一見して分かります。そんな子は、私が教室の後ろからそっと入って行くと、最初にその気配を感じ、後ろを振り向きます。

私が、

「何かスポーツしているの？」

ときくと、

「はい、野球っす」

のような返事が返ってきます。私は、すかさず、

「さすが、君は体の切れが違う」

とほめます。教室の雰囲気をつくっていくキーパーソンである可能性が高いからです。このように、最初の出会いでキーパーソンをほめ、関係性を少しずつ積み上げていきます。

小学校以上に中学校では、プラスのストロークで子どもたちをほめる機会が少ないのではないでしょうか？また、小学校以上に一斉指導型の授業が多いのではないでしょうか？子どもたちが立ったりすわったりする動きのある授業をつくりながら、ほめることを取り入れていただきたいのです。

九州のある中学校の校長先生から、2度目の学校訪問のときに、

「菊池先生にお越しいただいて以降、教室から拍手が聞こえてくるようになりました」

とうれしい報告をお聞きしました。教室で拍手をし合ってお互いをたたえ、承認することを、中学校でもどんどん取り入れてほしいと思います。拍手は、プラスのストロークを伴った最も分かりやすい行動です。

私の教え子の一人の女性が、「建設職人甲子園」という、建設業界で働く人たちの学び合う場で事務局をしています。彼女に呼ばれて何度かお話をさせていただきました。そこで、中学校を出てすぐに働き始めた青年に出会いました。彼は、働く仲間との関係の中で生きがいを見つけ、能力を発揮していました。人格の形成に学力も必要ですが、人間同士をつなぐ力を、もっと考える必要があると思っています。

ここがポイント

①中学校でも、机をペアにして、拍手が起こる教室にしよう。
②人間同士の関係性を重視する教育を進めよう。

6　低学年、中学校、小規模校などでの指導

Q45 各学年1、2人しか児童がいない小規模校です。授業の中で話し合い活動が難しいのですが、どのようにしていけばよいでしょうか？

A　「話し合い活動」を、少し固定的に考えられているのではないかと思います。どのような活動をさせるかは、ある意味、全く自由ですし、人数が少ない学校であればこその創意工夫ができるはずです。

「話し合い活動」と聞いたときに、それなりの人数がいて活発な声が響いているとか、教室の机をコの字にした伝統的な話し合いの形式をイメージされているのではないでしょうか？

「話し合い活動」は、基本的には「AかBか」、「○か×か」と立場を決めて、意見を交換するものです。

ですから、2人いれば話し合いは成り立ちます。

ただ、話し合いの相手が余りに固定的になってしまうとすれば、教室を超えて、学年を超えて、話し合いを組織することもできます。学校を出て、地域の人との話し合い活動もあっていいと思います。

新聞や雑誌などの何かの記事を教材として取り上げて、それに対して意見を述べるという「一人の話し合い」という方法もあります。

私がディベートを始めた際には、日本に教育ディベートを持ち込まれた松本道弘先生のご著書をずいぶんと読み、学びました。その松本先生と縁あって2014年に対談をしていただき、その内容は「ディベートルネサンス　究論復興」（中村堂）という本にまとまっています。（Q23参照）

その中で松本先生は、「一人ディベート」というものを紹介されています。ディベートは、本来、肯定側と否定側とに分かれ、判定をする人がいるわけですが、「一人ディベート」では、その役割をすべて一人で

行うのです。英語の思考法、使い方を学び、発信力を養うことを目的とするということで、松本先生は、英語による「一人ディベート」をされています。登場人物のすべてを一人で演ずる落語の精神を、ディベートの中に生かしたものだともお話しされました。

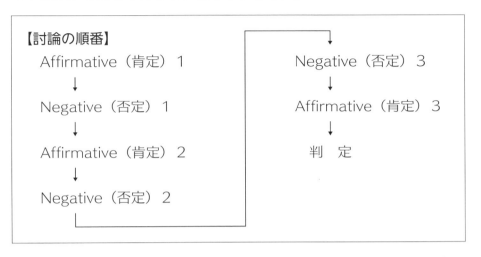

自己内対話をすることで、ものごとに対する価値を磨き、自分を磨いていくものだと、私は受け止めました。

このように、「話し合い活動」自体がアクティブな取り組みですから、その活動の仕方については、それを推進される先生自体がアクティブ・ラーナーとなって、学校の状況にふさわしいものを創り出していただきたいと思います。

ここがポイント
①「話し合い活動」を創意工夫して、その学校ならではのものを創ろう。
②自己内対話を進める「一人ディベート」に挑戦してみよう。

6 低学年、中学校、小規模校などでの指導

Q46 通信制高校のサポート校で非常勤講師をしています。週に1、2日しか授業がない中でできることは何でしょうか？

A 私は現職を退いてから、全国の学校からお声かけをいただいて、1時間限定の飛込授業をする機会が増えました。初めて出会う子どもたちと学び合い、1時間の中で一定の完結をすることが求められる飛込授業は、私にとっても学びの連続です。

授業形態は様々です。オーソドックスに一クラス30名程度の子どもを対象に授業をすることもありますが、体育館で全校児童500名と保護者200名、合わせて700名を対象に45分間の授業をするという、余りにハードルの高い授業を依頼されたこともあります。一方で、1〜6年全校17人の小さな学校での授業をしたり、先日は2人の中学生を相手とする授業もしたりしました。

修行の連続ですが、依頼されるままに、全ては勉強だと思い、自分の考える授業観がどこまで通用するのかと挑戦を続けています。

1時間の授業であっても、その連続と蓄積が1年間の指導であるとするならば、そこで子どもを変容させることは可能だし、授業の中の原理は、1時間で示しきれるのではないかと考えて挑戦しています。

これまで、本書の中で何度も「1年間の見通しをもって指導する」ということを言ってきましたが、それとはまったく違う世界です。

私は、現在の日本の多くの教室が、硬くて遅いという現実を目の当たりにしました。教師が教卓から動かず、子どもたちも自分の座席で静かに教師の言葉を聞くことを求められる教室では、硬く遅い子どもになってしまうことは、当然の結果です。

そんな姿を行く先々で見るにつけ、こうした現状を打破して、柔らかく動きのある教室をつくりたいと思いました。そして、柔らかく動きのある人間を育てたいと思いました。

　京都造形芸術大学の本間正人副学長は、一斉指導の教室の現状を、「机は教師の方を向かせるための拘束具なんだと思いました」と、対談していただいた際におっしゃられていました。それほどまでに、子どもの学ぶ意欲を削いでいる現状が今の教室にあると考えてよいと思います。

　一斉指導型の授業では、子どもたちには正解を答えることが求められます。その正解は、外にある絶対的なものです。知っているか知らないか、分かっているか分かっていないかが問われます。もちろんこれらを否定するものではありませんが、1回限りの飛込授業の中でそれをしても、ほとんど意味はありません。学びの楽しさとか、みんなと一緒に学ぶという、学びの基本を学ぶ授業をしたいと思い、実践しています。

　このご質問をされている方も、飛込授業よりは連続性や見通しを考えるとはできると思いますが、少なからず似た状況にあるのだろうと推察します。

　1時間完結の授業は、旧来の知識伝達型授業の典型です。そのような授業スタイルから、オープンエンド型の授業に変えていったらいかがでしょうか？　週に2、3時間の授業ということですから、授業と授業の間が空いています。そのよさを生かして、その間に子どもたちに主体的に調べることをさせて、それをもとに話し合いの授業を組み立てていくことができます。

　自分の外にある正解を探すことが学びの中心になっている現状から、自分の中で主体的かつ自由に学ぶスタイルへ、授業観を転換をしていきましょう。

ここがポイント
①授業の中の原理は、1時間で示しきれる。
②知識伝達型の1時間完結の授業を、オープンエンドに変えよう。

白熱する教室をつくるQ&A55

7 保護者との関係

7 保護者との関係

教室や学校で、子どもたちをよい方に導びこうとしても、家庭や地域の協力が得られません。

野口芳宏先生が次のような趣旨のお話をされたことを思い出します。

> 子どもの教育の責任が誰にあるのかを考えたとき、「家庭」「地域」「学校」の中からあえて選ぶとしたらどれか。学校の先生や管理職にきくと「家庭」と答える。「家庭」は、癒しの場である。教育の責任は、「学校」にあると考えなくてはいけない。給料をもらって教育に責任をもっているのが「学校」である。

まだまだ学校・教室でできることはあると考えて、私たち教師が挑戦していくしかないのです。子どもの成長の姿が、親や家庭、地域へと広がっていくと確信し、覚悟をもって臨むのが教師の仕事です。

教育の目的について教育基本法の第一条に明確に定められています。

> 第1条（教育の目的） 教育は、人格の完成を目指し、平和で民主的な国家及び社会の形成者として必要な資質を備えた心身ともに健康な国民の育成を期して行われなければならない。

「人格の完成」は、個の育成です。
「国家、社会の形成者として必要な資質を備えた心身ともに健康な国民の育成」は、集団の育成です。

法律でこのように決まっている以上、教師として責任をもって任に当たっていくというのが、基本的な態度だと考えます。
　これまで、私は私の信じる教育観を様々な角度から述べさせていただいていますが、「個の確立した集団を育てる」とまとめることができます。これは、教育基本法第一条に定められた「教育の目的」と重なります。「個の確立した集団を育てる　ほめ言葉のシャワー　決定版」（中村堂）は、まさにその思いを書名に冠しました。
　たびたびご登場いただいている京都造形芸術大学の本間正人副学長は、この本の中で、個の確立した状態とは、社会的規範の存在が外から内に変わっていくことだと書かれています。行動規範が内面化されている、行動規範が内側にある状態を個の確立した状態だと言われています。
　学習の初歩のプロセスでは、一つひとつの行動に対するフィードバックによって、規範が徐々に内面化されていきますが、「価値語」があることによって、より普遍的な、より抽象的な、よりいろいろな状況に広く当てはまるような徳目として吸収されていくというのが「個の確立」ということの一つの要素である、とも分析していただきました。
　ご質問の中の「子どもたちをよい方に導びこうとしても」ということは、具体的には本書のQ34「あいさつ、整理整頓、言葉遣いなどの基本的な指導」のことを指しているのではないかと思います。そこでお答えしたように、こうした基本的なことの実現はとても根気のいることで、丁寧な指導を重ねる中で初めて具体化していくものです。
　教師が自己内責任の覚悟をもって、手間のかかることを諦めずに根気よく続け、子どもを育て、教室や学校の取り組みが評価され、その成果が家庭や地域に広がっていくという地道なプロセスを確実に進んでいきたいものです。

ここがポイント
①教育の目的を改めて確認しよう。
②子どもを育てた事実が家庭や地域を変えていくと確信しよう。

7　保護者との関係

Q48 保護者との信頼関係をどのように築いていけばよいでしょうか？

A 「モンスターペアレント」という言葉に象徴されるように、今日では、学校と保護者、教師と保護者との関係が、以前に比べ難しくなっています。

私の考え方の基本は、「挑む　私が問うこれからの教育観」（中村堂）の中に書きましたように、「子どもの成長を見ていただく」ということに尽きます。

> 私は、教師という仕事の可能性と限界を、絶えず考え続けてきました。
> 　結果、教師として、学校という場で最善を尽くすことこそが自分の仕事だと確信したのです。
> 　学校は地域とともに成り立っています。それは当然です。ただ、あえて言わせていただきたいことは、地域や社会が学校に多くのことを求めすぎている、期待しすぎているということです。私の責任は、子どもの成長という１点においてあります。保護者との関係づくりまで視野に入れたり、考え始めたりすると、不器用な私には「子どもの成長」という軸を守り切れなくなってしまうのです。
> 　ただ、子どもの姿をもって、親や地域と関わっていくことはできます。それは、記した事実のとおりです。
> 　教師として子どもを成長させるという覚悟は、とてつもなく大きな社会的役割も果たすものだと確信しています。
> （中略）

> 　学校教育を基本としつつも、社会全体で地域の教育を創っていくことが必要な時代になっています。
> 　33年間いた学校という空間は、とても内向きでした
> （中略）
> 「子どもの人格形成」という大きな目標に向かって、皆でともに考え、力を合わせ、進んでいきたいと強く思っています。
>
> 　　　　　　　　　「挑む　私が問うこれからの教育観」から

　教師と保護者が、子どもの成長という1点を共有できれば、その関係がおかしくなることはないはずです。コミュニケーションを取らないで、お互いのことを知らないから、対立してしまうのです。コミュニケーションが取れて、お互いのことを知っていれば、嫌いにはならないのです。
　この点にもおいても、自己外責任では仕方がありません。「あの保護者のせいで」と他に責任を求めるのではなく、「お互いが理解し合ってよりよい関係をつくっていこう」と、教師の側からはたらきかけていく自己内責任の立場に立つことが重要です。
「教師の質は下がっているのですか？」と、きかれることがときどきあります。私は、その都度、「全くそれはありません」と断言します。
「先生はみんな頑張っている」というのは、私の偽らざる気持ちです。
　ただ、社会が変化し、子どもも変化し、保護者も変化し、環境も複雑になっていますから、コミュニケーションが取りづらくなっていることは間違いないでしょう。であればこそ、教師が自己内責任の立場から、良好な関係づくりのために主体的に動いていくことが求められているのです。社会のせい、子どものせい、保護者のせいにしていては、教育は何も変わらないのですから。

ここがポイント
①子どもの成長を見ていただくことで、保護者からの信頼を。
②自己内責任の立場から、良好な関係づくりのために主体的に動こう。

白熱する教室をつくるQ&A55

8 授業観・指導観

8 授業観・指導観

Q49 菊池先生は、20代のときはどのような先生でしたか？
また、どのような勉強をされていましたか？

　　　　私は、大学時代にほとんど勉強をしていませんでした。アルバイトに精を出し、友人と酒を飲みながら語り明かす日々を過ごしていました。

　ですから、教師になったからといって、人格が変わったかのように突然勉強をし始めるということは、当然ありませんでした。語り合うことは好きでしたから、同世代の先生たちと放課後の職員室で、時間を忘れて語り合っていました。

　教員になって5年ほど経ったとき、私がお師匠さんと仰ぐ桑田泰助先生に出会いました。北九州市内の公立小中学校や附属中学校の校長先生をされた方で、地元では、異端児扱いをされていた強い個性をもった方でした。

　私は、その桑田先生のご自宅で開催されていた私的な勉強会に参加させていただくことになり、その中で多くのことを学びました。学んだことのいくつかを紹介します。

　桑田先生は、「強い勉強をしなさい」と言われました。「ハウツーであったり、技術的なことばかりを求めたりするのではなく、本質に迫る勉強をしなさい」ということだったと思います。具体的には、著名な先生の全集を通して読んで、学問を体系として学びなさいというようなことです。

　「〇〇先生は、こうおっしゃっている」とエッセンスをつまみ食いするのではなく、その言葉をその先生が発するにいたった背景を含めて、広く深い学びをしなさいという意味です。

また、桑田先生は、「そもそもで考えなさい」ということもおっしゃいました。例えば、「菊池、何のために文学を学ぶのか」と問われました。私は、そんなことを考えこともありませんし、思い浮かぶことと言えば、「叙述に即して人物の気持ちを読み取る力をつけるため」というありきたりな答えだけでした。そんな中途半端な答えをしたら、怒られることは経験的に明らかでしたから、考えているふりをしていました。

　そんな私を見て、桑田先生は、「知恵がない者が知恵を絞っても何も出てこない。だから、知恵を入れるために人に会って話を聞き、本を読め」と言われました。

　その上で、「文学作品の中で、登場人物は、他の人物との関係の中で変わっていく。『人間は変われるんだ』ということを学び、『人は変われるという可能性』を信じ、それを教えることが文学の役割なんだ」とご指導くださいました。

　人は、赤ちゃんのときに「読み聞かせ」で文学に出合い、その後、絵本、童話、物語、小説とずっと文学作品に触れながら成長していきます。そうした過程で、「人間ってすごいんだな、素晴らしいんだな」ということに気づけるような「強い勉強」をしなさいと、桑田先生は何度も何度も指導してくださいました。

　桑田先生からは、本当にたくさんの指導をいただきました。その当時は怖いという印象ばかりが先に立っていましたが、今になって思うと、桑田先生のもとで学んだ20代のあのときに、私の教師としての土台をつくっていただいたと思っています。

　桑田先生が、私に本当に教えたかったことは、結局は「教師としての覚悟」ではなかったのかと、今、振り返りながら思います。教師の成長のために「師」をもつことはとても重要だと思っています。

ここがポイント
①教師としての土台をつくるために「師」をもとう。
②「強い勉強」をして、教師の骨格を築いていこう。

8 授業観・指導観

Q50 菊池先生自身が変わったなと思う年齢と、変わろうと思った理由はどんなことですか？

A Q49に続く形でお答えしたいと思います。

桑田泰助先生との出会いで、自分自身の教師人生はガラッと変わりました。視野が広がり、世界が広がったのです。

桑田先生は、口癖のように、「全国レベルに行け」といつも言われていました。

多くの教育書を読んだのもそれからですが、私が教室で出会った「簡単な自己紹介ができずに泣き出してしまう子どもたち」を、ひとまとまりの話ができるように育てるための指導は、教育書には書かれていませんでした。

そうした問題意識を抱える中でコミュニケーションに出合い、コミュニケーションについて書かれたビジネス書をヒントに、教室で試行錯誤を始めたのが平成の初め頃、私が30歳になった頃のことです。

その後、私はコミュニケーション教育の魅力にとりつかれたと言っても過言ではありません。この指導をすることで、子どもたちが大きく成長したからです。コミュニケーション教育が、子どもたちの人間形成に大きな影響を与えるということを確信したからです。

ディベート、学習ゲーム、インタビュー、パネルディスカッション、シンポジウム等、様々な手法を手がけました。

そうした学びを深めていくために、仲間とサークルをつくりました。野口芳宏先生も、伸びる教師の条件の一つとして「サークルに入る」ということをおっしゃられています。

身近な仲間と日常的に学びながら、桑田先生の「全国区」というお言葉を実践し、具体化していくとの思いで、お会いしたこともない著名な先生方と、様々な方法を駆使して連絡をとり（当時はＳＮＳなどもちろんありませんでしたから、著書を発行している出版社に電話をかけて連絡先を教えていただいたりしたものです）、北九州に来ていただき、多くの講座を開催しました。

　参加者が集まらず、わずかな人数の前でお話しいただくなど、遠方からお越しいただいた先生方に大変申し訳ないことをしたこともあります。参加者が少なく、赤字を自身で埋め合わせることも圧倒的に多くありました。それでも、全国区の先生方から直接学んだことは、一つ一つ、自身の学びとなり、今日の私を形成していると実感しています。今日の自分の実践の内容は、そうした方々から学んだことを自分なりにアレンジし、創り上げていったものです。

　北九州でセミナーを主催すると、講師の先生には、遠くからお越しいただくことがどうしても多くなりますので、前泊していただき、セミナーを開催し、翌日お帰りいただくという日程が普通でした。当日のセミナーだけでなく、前日や翌日に、一緒に過ごさせていただく時間も貴重でした。セミナーでお聞きする内容とは少し違って、その先生の人となりが身近に感じられる時間が私は好きでした。セミナーに参加することもとても大切ですが、セミナーを運営する側に立った人だけが学べることがあるのも事実です。

　私が絶対的な真理だと確信していることは、「人生は一度限り」ということです。もちろん、宗教的世界観の中には様々な異論はあることは承知の上で、私はこのことを人生を考える際の基本としています。後悔だけはしないよう、今を全力で生きたいと思っています。

ここがポイント
①学校から飛び出して「全国区」へ。
②「人生は一度限り」、後悔だけはしないよう、今を全力で生きよう。

8 授業観・指導観

Q51 菊池先生は、どうやって「菊池実践」という考え方ややり方にたどりついたのですか。

A Q49、Q50に続く形でお答えしたいと思います。コミュニケーション教育については、いろいろと述べてきましたので、ここでは「成長ノート」にたどりついた経緯についてお答えします。

私は、1982年(昭和57年)に、北九州で教職に就きました。

当時の北九州の作文指導は、生活綴り方教育の考え方が色濃く残っていました。生活綴り方教育は、作文を書くことで社会や自然を見つめさせることを目的としたものです。

私も、周りの先輩にならって、日常的に子どもたちに作文を書かせました。地元の若手教師のサークルで、勉強会も行いました。そこでは、大村はま先生や、倉沢栄吉先生の全集を教材として、夜が明けるまで学び合ったものです。その中で「子どもから学ぶ」という教師の在りようを自身の教師人生の中心にしていこうと決めました。

教員生活5年目の頃、子どもたちに作文を書かせることに多少の自信をもち始めた私は、400字詰め原稿用紙に100枚以上書くという「大作づくり」を始めました。400枚を超える大作も生まれました。自分のお金で製本をしてもらい、子どもたちに渡して、子どもとともに私は満足感に浸っていました。そんな様子は、新聞にも取り上げていただきました。

今、振り返ってみると、ただ書かせていただけで、作文指導とは呼べないもののような気もします。しかし、生活綴り方に学んで、子どもたちの生活背景まで掴み、子どもたちを深く理解しようとしていた時期でもありました。「子どもの生活に学び、人間として育てる」という、現

在の私の作文指導の礎が、この頃、築かれたように思います。

　余談ですが、のちに私の実践を2冊の本にまとめてくれることになる吉崎エイジーニョ（吉崎英治）君は、このときの教え子の一人です。彼は、当時の個人文集を大切に保管してくれていました。

　その後、教育界に向山洋一先生を中心とする教育技術法則化運動がわき起こりました。そして、言語技術教育が現場でも中心となり、私もその影響を大きく受けました。

　自分たちのサークルでも、市毛勝雄先生や野口芳宏先生を北九州に何度もお呼びして学びました。

吉崎エイジーニョ君の個人文集

そこで教えていただいた一つ一つの作文技術は、とても分かりやすく実践的で、子どもたちの作文技術も飛躍的に伸びたと記憶しています。

　そうした中でも、自分の意識の中心には生活綴り方の「子どもから学ぶ」という考え方や、「子どもの生活に学び、人間として育てる」作文指導をまとめ上げたいという気持ちがありました。

　そうした経過の中で生まれたのが、「成長ノート」です。「ほめ言葉のシャワー」とともに、2012年、NHK「プロフェッショナル　仕事の流儀」で取り上げていただき、その後、「人間を育てる　菊池道場流　作文の指導」（中村堂）としてまとめることができたのは、私にとって大きな喜びです。若い頃学んだ生活綴り方教育や、単元学習における「生活からの学び」を中心とした指導に、その後の「言語技術」を中心とした指導を融合させるという変遷をたどって、私なりの作文指導は完成しました。

ここがポイント

①作文では、生活綴り方教育、単元学習、言語技術に学んだ。
②「子どもの生活に学び、人間として育てる」作文指導をしよう。

8 授業観・指導観

Q52 自分は、授業がまだまだ未熟だと感じています。授業をしていく上でのアドバイスをお願いします。

A ご質問の内容が広範囲に渡りますで、その趣旨に合うかどうか分かりませんが、授業をする中で私自身が心がけていた基本的な5つのことを紹介いたします。

①拍手を大切にする。
②黒板の左5分の1を、積極的な生徒指導に使う。
③1時間の中に少人数での話し合いを入れる。
④動きを生み出す指示をする。
⑤プラスのストロークで接する。

①拍手を大切にする。
「拍手」は、コミュニケーションがあふれる授業の中で欠かすことはできません。友達の行為や意見を、拍手によって承認し称賛するのです。
拍手の基本は、「強く」「短く」「元気よく」です。最初は、スピードや大きさがたとえ十分ではなくても、ほめることによって拍手を学びの中の子ども同士をつなぐツールとして定着させていきます。

②黒板の左5分の1を、積極的な生徒指導に使う。
私は、子どもたちから見た黒板の左側の5分の1程度のスペースを、学習規律や生活規律などの基本となる「価値語」を書き留めるスペースとして使っています。例えば、「切り替えスピード」という価値語を書き、少なくともその日一日は、消さないでそのままにしておきます。そ

の価値語を十分に体現している子どもがいたらすぐにほめ、価値語の横に名前を書いてはなまるをつけてあげます。

③１時間の中に少人数での話し合いを入れる。

　少人数での話し合いは、対話のある授業の第一歩です。１時間の中でそうした場面を意図的に何度もつくりましょう。そうすることで、一斉授業とは違う、友達と共に学ぶという、話し合い型の授業のスタイルを自然に身につけていきます。話し合いの時間そのもののスピードを上げていくことも大切です。話し合いのスピードを上げる方法として効果的なことは、話し合いの時間を短く設定することです。

④動きを生み出す指示をする。

　一斉授業が行われる教室では、教師が教卓から動かず、子どもたちも自分の座席で静かに教師の言葉を聞くことを求められるため、硬く遅い子どもになってしまうことは、当然の結果です。

　話し合い型の授業になってくると教室が動き始めます。そんな教室にお伺いすると、すぐに「動きのある教室だな」と思います。教師自身が動きを意識した指示で、子どもを動かすようにしましょう。

⑤プラスのストロークで接する。

「教室は正解を求められる場所」から、「教室は間違えてもいい場所、大いに間違える場所」との価値観に転換したいものです。子どもたちが、思ったこと考えたことを、自由に、間違いを恐れることなく出し合える教室の環境をつくることが、教師の大事な役割だと考えています。

ここがポイント
①基本的な５つのポイントを心がけよう。
②動きのある教室をつくり上げよう。

8 授業観・指導観

Q53 教師が、子どもを受け止める力や見とる力をつけるには、どのような経験を積めばよいのでしょうか？ また、教師が伸びるためには何をしていけばよいのでしょうか？

A 菊池道場では、「エンターキー100」という学びをよく行いました。教室の子どもたちの様子を撮った1枚の写真を用意します。その写真から気づくことをどんどん出し合います。その際に、パソコンのワープロソフトのwordを立ち上げ、自動的に連番を振ってくれる機能を使って、発見があるごとにエンターキーを押していくのです。つまり、ワープロをカウンターとして使いながら、競い合いながら、様々なことを発見し合うのです。

「エンターキー100」は、観察力を磨いていくのにとてもよい方法です。写真の中にあるたくさんの情報を取り出して言語化することは、観察力を磨くトレーニングになりますし、自分の気づかない視点での発見を仲間から伝えられることで、観察の視点を新しく獲得していくことにもなります。そして何よりも、仲間との共同の学びはとても楽しく、一人で本を読んで学ぶのとは違う、温かな学びを体験することができるのです。

写真だけでなく、授業の動画や子どもの作文を使って「エンターキー100」をすることも可能です。

全国で開催される菊池道場の支部によるセミナーの翌日、支部メンバーと勉強会を開催しています。そこでは、メンバーの実践報告や私の飛込授業の徹底分析を行っています。授業を記録した動画を見ながら、何か気になることがあったとき、「止めて」と発言して動画を止め、そこで行われている私のアクション、発問、言葉かけなどについて、意味を考え合うのです。それを「ストップモーション」と呼んでいます。こうした学びの蓄積が、次の授業に生かされていくのです。

いずれにしても「美点凝視（よいところを見つけ出す）」の立場で、子どものよいところを見つけ出し、価値付けてあげることを日々繰り返していくことです。
「１時間の授業で子どもを育てる　コミュニケーション術100」（中村堂）という書籍は、自分の行った１コマの授業を録画した仲間がＤＶＤにして送ってくださったときに、この自分の授業で久しぶりに「一人エンターキー100」をやって、自分自身の授業を客観的に見つめ直してみようと思い立ったことがきっかけで誕生した本です。

　野口芳宏先生は、対談をさせていただい際に、教師が伸びる３つのポイントについてお話しくださいました。
・サークルに入ること。
・よき師に出会うこと。
・よい書物を読むこと。
　学校の中で、組織の一員としてやるべきことをきちんとするのは当たり前です。学校の外に出て、お互いの実践を持ち寄って学び合うことが大切です。
　学校は、ややもすれば閉鎖的になりがちな世界です。大学を卒業して教師になり、それからずっと、学校、職員室にいて、教室の外に学びの場を求めていかなかったとしたら、こぢんまりと固まった教師になってしまいます。
　教師はアクティブ・ラーニングの伝達役ではありません。教師自身がアクティブ・ラーナーとして、学び続けていくことでしか、子どもたちをアクティブ・ラーナーに育てることはできないのです。

ここがポイント
①「エンターキー100」で美点凝視の力を身につけよう。
②学校の外に学びの場をつくろう。

8 授業観・指導観

Q54 菊池先生の飛込授業を見させていただきました。スタート段階から元気よく始まる授業に驚きました。どのような工夫をされているのですか。

A テレビに出演させていただいた中で学んだことを、2つお伝えします。

一つ目は、2015年12月に出演させていただいた日本テレビ系列の「世界一受けたい授業」の中でのことです。スタジオのセットは、階段を降りてタレントの方々のいらっしゃる教室に入って行くようにつくられていました。その際に、ディレクターの方から、
「元気よく、階段を駆け降りてください。そして、声を張ってしゃべってください。教室と同じです」
と言われました。

教室の雰囲気を決定づけるのは教師であることを、テレビ番組をつくられている方から、改めて教えていただきました。「教育」は、「教化」と「感化」だと言われます。教えることによる「教化」ではなく、教師の存在から子どもが感じとる「感化」の部分の重要性を、最近は強く感じています。教師の元気さが、子どもたちを感化するのです。

もう一つは、2016年7月、フジテレビ系列の「バイキング」に出演させていただいたときのことです。生放送の番組でした。番組には、当然台本が用意されていて、スタジオで渡されました。ただ、その台本は非常に大まかなもので、トークの部分は参加者のアドリブによって進行していくようにつくられていました。

次のような記述がありました。
「進行は○○（アナウンサーの方のお名前）、トークまわしは◎◎（芸

人の方のお名前）が担当」※（　）内は、筆者の注

「トークまわし」という言葉に初めて出会いましたが、意味はすぐに分かりました。そして、その言葉は、スタジオの現場の雰囲気にとても合っているなと思いました。お笑いからスタートしたその芸人さんは、とても空気を読むことが上手で、スタジオにいるゲストの方々の発言をうまくつなぎながら、豊かなトークショーをつくっていかれました。アドリブ力がとても高いと感じました。

「トークまわし」の力は、教室に立つ教師にとって、同様に必要な力です。教室の中の一人ひとりがもっているでこぼことした違いをならしてしまうのではなく、その個性を大切にしながら、美しいハーモニーを醸し出すように、つないでいくことが教師の役割なのです。

　教師は、子どもたちが集団になったときにややもすればできてしまう負の空気に負けてはいけません。教師が子どもたちの負の空気を押し切って、明るい教室を創っていく必要があります。

　パフォーマンス学の本を読んだときに、「人間は、２秒で相手のことが大体分かる」ということが書いてありました。新年度がスタートしたときの最初の出会いで、子どもたちは「今年の先生は…」と、心の中で値踏みをしているはずです。一日の始まりに教室に入ってきた先生の様子を見て、「今日の先生は…」と、同じように直感的な判断をしているでしょう。

　教師である私たちも、一人の人間として、体調の好不調、気持ちの高低等、当然のようにあります。でも、そうしたこちらの都合を子どもたちに言っても仕方がないわけですから、多少大変でも頑張るのが教師の仕事だと覚悟を決めて、一日一日頑張っていきましょう。

ここがポイント
①これからの教師は、「感化」の部分を大切にしよう。
②教師は、負の空気を押し切る元気さをもとう。

8 授業観・指導観

Q55 子どもは、どんなときに成長するのでしょうか？ 子どもの変わる瞬間についてお話しください。

A 私は、「対話、話し合い、討論ができるようになったときに、子どもは変わる」ととらえています。

　Q18で少し触れましたが、「ドキュメンタリー映画 挑む」の中で、岡田透和君という一人の男の子が、国語の授業の話し合いで意見が孤立し、全員から集中砲火のごとき反論を浴びる場面があります。岡田君は、周りの意見も聞きながら、途中つまりそうになりながらも自身の意見を主張し続けます。最終的には自分の意見を改め、皆に拍手で迎えられます。

　こうした白熱した本気の学びを経験した子が、そのときに成長するのではないかと思います。

　私は、そのときのまとめとして、次のような考えを皆さんにお伝えしました。

　ここで白熱してますね。ここを目指して1年間やるわけですよね。現象としての白熱。じゃあここで意見は言ってないんだけど、自分の内側で、人の意見を聞いて、ああそっか、なるほどなっていって内側で白熱するってことありますよね。この2つを考えたいなって思うんです。こういう状態を目指すための1年間、4月からの歩みと、ざっくり言えば現象として白熱と、自分の内側で白熱し続ける、白熱には二つあるのではないかと思います。とかくこっち（内側）の白熱を落としてしまうのではないかと思います。全体の話し合いの中で意見をもらう。もらったものをもとに、また自分の中で白熱

> し続ける。考え続ける人間に行くのではないかと思っています。流れとしては、個人の白熱を大事にしたいなと。自分で考え続ける。ありがとう！
> 　　　　　　　　「ＤＶＤで観る　菊池学級の成長の事実」（中村堂）から

　私は、最終的なゴールイメージとして「自分の中で白熱し続けられる人間」を描いているのです。

　一斉指導型の、「挙手→指名→挙手→指名…」の授業の中からは、このような成長はありません。ワークシートを材料として授業を進め、正解を求めながらマスを埋めていくような授業の中からも、このような人間は育ちません。

　意見が対立して追いつめられて、脳に汗をかきながら必死で考え、ときにはまっとうな意見が思いつかなくて、苦し紛れにトンチンカンなことを言ってしまうくらいの白熱が必要だと思うのです。

　答えを外に求めるのではなく、自分の経験の中から答えられるようになったとき、自分のことをしゃべることができるようになったとき、子どもは成長したと言えるのです。

　議論の中で「１対多」になってしまうのは、大人でも怖いですし、耐えがたいものです。それを乗り越えたとき、強い学び手が育ちます。

　追い詰められた話し合いを経験した岡田君は、そのあと、次のように感想を述べてくれました。

「国語の話し合いでは、ぼくの意見はつぶされてしまったけれど、みんなの意見に納得できてスッキリしています。頭の中が今でもまだ白熱していて満足です」

　私は、最終的には、周りの意見をもとに自分の中で考え続けることのできる人間を育てたいのです。

ここがポイント
①対話、話し合い、討論ができるようになったときに、子どもは変わる。
②自分の中で考え続けることのできる人間を育てよう。

おわりに

大阪冬の陣　第1回次世代リーダー育成大会　於：追手門学院大手前中・高等学校

　2017年1月8日、菊池道場は、「大阪冬の陣　第1回次世代リーダー育成大会」を開催しました。当日は、全国の21都府県から170名が大阪の地に集いました。

　2015年夏に正式発足した全国ネット菊池道場は、53の支部を数えるまでになりました。夏の全国大会以外に、全国レベルでの大会開催の要望の声が強く多くなったことから、この大会を開催いたしました。

　また、私自身、運動の展開を若き次世代の方々に継承していく必要性を強く感じ始めたことも、開催の動機です。

　私が、今、強く主張していることは、「一斉授業」から「話し合いの授業」への転換です。全国の教室を訪問して、子どもたちの多くが「硬く、遅い」実態を目の当たりにしてきました。

　本書の回答の中でも触れましたが、教育の目的は、教育基本法第一条に示されているとおりです。

「第一条（教育の目的）　教育は、人格の完成を目指し、平和で民主的な国家及び社会の形成者として必要な資質を備えた心身ともに健康な国民の育成を期して行われなければならない」

　ここには、人格の完成という個の視点と、集団の中で公民的な資質を形成していくという公民の視点の、二つが示されています。私は、ほめることを通して意味付け、価値付けしながら、この個と公民の確立・育成を図っていきたいのです。

2004年2月に財団法人日本青少年研究所が「高校生の生活と意識に関する調査」を行っています。その中で、「先生に反抗すること」と「親に反抗すること」の意識を、日本、米国、中国、韓国の4か国で調査しています。その結果が下の表です。

7．先生に反抗する

	日本	米国	中国	韓国
よくないこと	25.1	54.3	68.7	81.1
本人の自由	51.4	30.1	18.2	11.4
悪いことではない	20.6	7.8	10.7	5.1
よいこと	2.7	2.9	1.5	2.1
無回答	0.2	4.9	0.8	0.3

8．親に反抗する

	日本	米国	中国	韓国
よくないこと	19.9	51.6	70.4	84.3
本人の自由	55.1	32.0	18.8	9.4
悪いことではない	22.0	8.5	8.6	5.2
よいこと	2.6	3.3	1.5	0.9
無回答	0.5	4.5	0.8	0.2

※財団法人日本青少年研究所調査報告書から転載

　少し古いデータですが、いかがでしょうか？
　規範意識が弱くなっている日本の現状を感じます。
　私は、「多くの先生は、頑張っている」という気持ちをもちつつ、同時に、「もっともっと、学校はしっかりしなくては」という思いももっているのです。
　そうした中で、休みの日に、時間とお金を使って、私の講演会やセミナーに参加されている先生の姿に、毎回勇気をいただいています。そして、ここにいる先生たちが変わっていけば、子どもが変わり、学校が変わり、地域が変わっていくと確信しています。

　本書の出版にあたりまして、講演会・セミナーの会場に足をお運びいただき、真剣にかつ楽しく、会話をしていただいた多くの方々に感謝申し上げます。
　また、中村堂社長・中村宏隆氏には、今回もお世話になりました。
　ありがとうございました。

　菊池道場の運動は、まだまだ小さなものかもしれませんが、確実に日本の教育をよい方向に変えていることを信じて、また明日も、全国のどこかで、多くの方々と対話を重ねてまいります。

2017年1月15日　　　　　　　　　　　　　　菊池道場　道場長　菊池省三

●著者紹介

菊池省三（きくち・しょうぞう）

1959年愛媛県生まれ。「菊池道場」道場長。元福岡県北九州市公立小学校教諭。山口大学教育学部卒業。文部科学省の「『熟議』に基づく教育政策形成の在り方に関する懇談会」委員。平成28年度　高知県いの町教育特使。大分県中津市教育スーパーアドバイザー。三重県松阪市学級経営マイスター。

著書は、「コミュニケーション力豊かな子どもを育てる　家庭でできる51のポイント」「個の確立した集団を育てる　ほめ言葉のシャワー　決定版」「1年間を見通した　白熱する教室のつくり方」「価値語100 ハンドブック」「人間を育てる　菊池道場流　作文の指導」「『話し合い力』を育てる　コミュニケーションゲーム62」（以上、中村堂）など多数。

白熱する教室をつくるQ&A55

2017年2月22日　第1刷発行

著　者／菊池省三
発行者／中村宏隆
発行所／株式会社　中村堂
　　　　〒104-0043　東京都中央区湊3-11-7
　　　　　　　　　湊92ビル 4F
　　　　Tel. 03-5244-9939　Fax. 03-5244-9938
　　　　ホームページアドレス　http://www.nakadoh.com

編集協力・デザイン／有限会社タダ工房
印刷・製本／モリモト印刷株式会社

©Syozo Kikuchi

◆定価はカバーに記載してあります。
◆乱丁・落丁の場合はお取り替えいたします。
ISBN978-4-907571-35-1